DIREITO DO PETRÓLEO
CONTEÚDO LOCAL

Sobre o Autor

Advogado tributarista e comercialista. Autor e coordenador de obras jurídicas, com diversos cursos de extensão, pós-graduações e MBA. Professor de Direito do Petróleo na UERJ, já tendo lecionado na UFRJ, UCAM, FGV e no IBP, entre outras instituições. Por mais de vinte anos tem atuado em diversos projetos e instituições, trabalhando no mundo corporativo, exercendo atividades jurídico-tributárias para empresas como: Eni, Allied Domecq, White Martins, Chocolates Garoto e Price Waterhouse Coopers. É Autor dos Livros "ICMS" (2008) "Sociedades Empresárias e Sociedade Simples" (2006) e "Direito da Empresa" (2003), todos editados pela Freitas Bastos Editora. É o coordenador da Coleção Tributária da Freitas Bastos Editora, já tendo lançado os volumes de "Imposto de Importação, Imposto de Exportação e outros Gravames Aduaneiros", "ICMS", "IPI", "ISS", "IRPF" e "PIS e COFINS". E mais recentemente, está lançando como co-autor, na mesma editora, o livro "A História do Petróleo" (2009). É advogado *pro bono* da Associação Saúde Criança Renascer. Nos últimos anos tem se dedicado à indústria de Petróleo, atuando, inclusive, como membro dos comitês legal e tributário do Instituto Brasileiro do Petróleo – IBP.

Contatos com o Autor

O Autor gostaria de saber sua opinião sobre o tema e/ou sobre a obra. O intercâmbio de idéias propicia o aprimoramento do texto e do Direito como um todo. A troca de informações enriquece o trabalho. Por isso está sendo disponibilizado um e-mail para envio de sugestões: Escreva para: lcquintans@uol.com.br

Luiz Cezar P. Quintans

Coleção Direito do Petróleo

DIREITO DO PETRÓLEO
CONTEÚDO LOCAL

A Evolução do Modelo de Contrato e
o Conteúdo Local nas atividades
de E&P no Brasil

Freitas Bastos Editora

Copyright © 2010 by Luiz Cezar P. Quintans.
Todos os direitos reservados e protegidos pela Lei 9.610, de 19.2.1998.

É proibida a reprodução total ou parcial, por quaisquer meios, bem como a produção de apostilas, sem autorização prévia, por escrito, da Editora.

Direitos exclusivos da edição e distribuição em língua portuguesa:
Maria Augusta Delgado Livraria Distribuidora e Editora

Editor: *Isaac D. Abulafia*
Capa: *Ricardo Quadros*
Projeto gráfico: *Jair D. Sousa*
Revisão de Texto: *Josélio da Silva*

DADOS INTERNACIONAIS PARA
CATALOGAÇÃO NA PUBLICAÇÃO (CIP)

Q7c

QUINTANS, Luiz Cezar P.
 DIREITO DO PETRÓLEO – CONTEÚDO LOCAL: A Evolução do Modelo de Contrato e o Conteúdo Local nas atividades de E&P no Brasil. / Luiz Cezar P. Quintans – Rio de Janeiro: IBP – Maria Augusta Delgado, 2010.
 242 p.; 21 cm. – (Coleção Direito do Petróleo, Coordenação: Luiz Cezar P. Quintans)

 ISBN 978-85-99660-88-2

 1. Petróleo – Legislação – Brasil. 2. Indústria petrolífera. 3. Petróleo – Aspectos econômicos. 3. Conteúdo Local. I. Título.
CDD 343.810926

Freitas Bastos Editora

Tel./Fax: (21) 2276-4500
freitasbastos@freitasbastos.com.br
vendas@freitasbastos.com.br
Rio de Janeiro – RJ

"A vida não dá nem empresta; não se comove nem se apieda. Tudo quanto ela faz é retribuir e transferir aquilo que nós lhe oferecemos."

Albert Einstein

DEDICATÓRIA

Para minhas filhas Rafaella e Anna Clara, amores incondicionais que dão sentido à minha existência.

Para Amália Delatorre Tavares e para minha esposa Andrea que é o sustentáculo da nossa casa.

Agradeço a Deus pela vida valorosa que me foi concedida; e aos meus pais Luiz e Tetê por todo o suporte familiar.

"Tudo posso naquele que me fortalece"

Filipenses 4:13

> "A sorte faz os parentes,
> a escolha faz os amigos."
>
> *Padre Jacques Delille*

AGRADECIMENTOS

Esta obra é fruto de estudos sobre o tema, cursos ministrados e palestras. Mas é, sobretudo o produto da monografia do autor para a Pós-Graduação de Direito do Petróleo realizada pelo Convênio UERJ/IBP. Portanto, o primeiro agradecimento vai para a Coordenadora do Curso, Doutora Professora Marilda Rosado de Sá Ribeiro, por todos os ensinamentos pessoais e profissionais, por todos os debates, pelo profundo respeito aos alunos e colegas, pela parceria em outros seminários, cursos e escritos jurídicos. Trata-se de exemplo de pessoa amável, profissional, competente, admirável, incansável, que está sempre a serviço da educação e da Indústria de Petróleo e Gás.

No mesmo diapasão agradeço à Doutora Professora Clarissa Brandão, pelos debates, pelas oportunidades e desafios que me ofereceu para ministrar aulas de matérias diversas no próprio curso de Pós-Graduação de Direito do Petróleo. Enfim, agradeço-a por tudo, em especial, a confiança.

Agradeço à nossa companheira de todos os dias e monitora da Turma de Pós-Graduação, Professora Juliana Cardoso de Lima por todo apoio, suporte, "ouvidos" e, especialmente, pela ajuda em pesquisas sobre o tema, enviadas em parceria com o Dr. Arthur Souza Rodrigues. Ambos fizeram grandes contribuições com a remessa de textos internacionais sobre *Domestic Content* e eu lhes sou muito grato.

Agradeço a confiança do IBP, na pessoa de seu Presidente João Carlos França de Luca e o apoio institucional, nas pessoas dos senhores Álvaro Teixeira (Secretário Geral), Jonas Fonseca e Evandro Pires. Agradeço a todo o pessoal de apoio e à Gerência de cursos do Instituto Brasileiro de Petróleo, Gás e Biocombustíveis – IBP, em especial à Raquel Barros e Renata Ribeiro.

Agradeço a todos os meus colegas professores da Universidade do Estado do Rio de Janeiro – UERJ e os do Instituto Brasileiro de Petróleo, Gás e Biocombustíveis – IBP, pela primazia de conteúdo e didática apresentados nas aulas. Agradeço também aos alunos do convênio UERJ/IBP. Alguns me deram a honra de criticar suas monografias.

In Memoriam dedico esta obra ao Dr. Gustavo Pequeno Peretti Mattos, advogado da StatoilHydro, amigo e membro ativo do Subcomitê Legal do IBP e ao Dr. Kristian Berg Andersen, consultor jurídico da StatoilHydro. A vocês, amigos, eu consigno aqui a lembrança, o respeito e, especialmente, a saudade.

Agradeço ao geofísico, Ex-Superintendente da ONIP e atual Secretário Geral da ABPIP, Professor Paulo Buarque Guimarães por todas as conversas, idéias, revisões e questionamentos sobre o tema.

Agradeço ao financista, membro do *Taxation Committee* do IBP e, atualmente, Consultor da Hess, Pedro Vieira, por todos os valorosos debates e pelas trocas de idéias técnicas.

Agradeço ao parceiro em outra obra de Direito do Petróleo, Humberto Quintas, membro do *Legal Committee* do IBP e *Legal Manager* da Devon, pelos debates diários sobre Direito do Petróleo.

Agradeço, demais, ao especialista em logística, Marcus Werneck que, tem atuado para diversas companhias no Brasil e no exterior, tais quais: Andrade Gutierrez, BG, Encana e Devon (onde atua como consultor há mais de 3 anos) e pode me fornecer uma visão não-jurídica de algumas questões sobre o tema.

Agradeço, especialmente, às empresas que nos enviaram suas publicações, no intuito de ajudar a compor o presente trabalho: SCHULUMBERGER, que nos enviou o seu livro "60 anos no Brasil"; e FMC Technologies CBV, que nos enviou sua publicação comemorativa dos "50 anos no Brasil".

Agradeço ao caríssimo Marcelo Freire, gerente tributário da Halliburton Brasil por alguns comentários técnicos, bastante pertinentes, que foram incorporados à obra.

Agradeço ao Sr. Hans Spilde, engenheiro de *HSE management and legal affairs* da norueguesa *Petroleum Safety Authority* que gentilmente encaminhou, por e-mail, dicas e regras sobre o assunto naquele país.

Agradeço ao Dr. José Antonio Pérez Chávez, advogado na *Subdirección de Nuevos Modelos de Ejecución* da *Pemex Exploración y Producción*. Trocamos, pessoalmente, muitas idéias sobre Conteúdo Local na indústria e, especialmente, sobre o México, onde ele nos brindou com propositados comentários.

Agradeço e dedico também, especialmente, esta pequena obra para minha sobrinha Luísa Bordallo Freire que, aos 10 anos de idade, num dia em que eu estava muito cansado, me enviou uma mensagem tão linda que refrigerou a minha alma, me fortaleceu e me deu forças para continuar a labuta do dia-a-dia. Isso prova que os sobrinhos, irmãos e amigos que "escolhemos", em muitos casos, são mais preciosos que laços sanguíneos.

O Autor

RESUMO

A presente monografia discute o conceito, a natureza e as regras existentes sobre Conteúdo Local; descreve o mercado brasileiro de exploração e produção de petróleo e gás; o desempenho dos fornecedores locais; e o desenvolvimento da indústria brasileira de petróleo e gás. Este trabalho apresenta o histórico de algumas políticas governistas na adoção de conteúdo doméstico em alguns países e na regulação de investimentos estrangeiros. O Conteúdo Local tem como objetivo central não excluir os potenciais fornecedores brasileiros das licitações e concorrências promovidas pelas concessionárias, dando-lhes iguais oportunidades, com o intuito finalista de substituir as importações. Sempre foi incorporado às rodadas de licitações da ANP e é um dos critérios de julgamento das rodadas. Este texto traz a uma visão geral do tema, de forma inédita, apresentando sugestões, problemas, fórmulas, cálculos e conflitos legais do Conteúdo Local. As regras e o desejo de fomentar o próprio conteúdo doméstico no Brasil são fortemente discutidos nesta monografia.

ABSTRACT

This monograph discusses the concept, consistency and the existing rules about Local Content; describes the Brazilian market of Oil & Gas; the performance of Brazilian Suppliers; and the development of the Brazilian Oil & Gas Industry. This paper presents government policies developed in some countries to increase the domestic content and in some cases the regulation of foreign direct investment. The Local Content works as not to exclude potential Brazilian Suppliers from the competition providing equal opportunities to local suppliers in order to achieve the substitution of importations. Actually, it was created as a mandatory clause in the concession agreements and it is one of judgment criterion in the ANP's auctions. This text shows an unpublished general overview of the local content presenting suggestions, matters, formulas, calculation system and legal conflicts of Local Content. The rules and the desire of fomenting the domestic content in Brazil are strongly discussed in this paper.

ABREVIATURAS

ABIMAQ – Associação Brasileira da Indústria de Máquinas e Equipamentos
ABPIP – Associação Brasileira dos Produtores Independentes de Petróleo e Gás
ADI – Ação Direta de Inconstitucionalidade
AGU – Advocacia-Geral da União
ALCA – Acordo de Livre Comércio Americano (signatários: Estados Unidos, Canadá e México).
ANP – Agência Nacional do Petróleo, Gás Natural e Biocombustíveis
BNDES – Banco Nacional de Desenvolvimento Econômico e Social
CB/88 – Constituição Federal Brasileira de 1988
CD – *Compact Disk*
CEL – Comissão Especial de Licitação (ANP)
CIF – *Cost Insurance Freight*
CL – Conteúdo Local
CLT – Consolidação das Leis do Trabalho
CND – Certidão Negativa de Débitos
CNI – Confederação Nacional da Indústria
CNP – Conselho Nacional do Petróleo

CNPE – Conselho Nacional de Política Energética
CNPI – Certificado Nacional do Profissional de Investimento
CNPJ – Cadastro Nacional de Pessoa Jurídica
CPC – Código de Processo Civil
CVM – Comissão de Valores Mobiliários
DJ – Diário de Justiça
DL – Decreto-Lei
DNPM – Departamento Nacional de Produção Mineral
DOU – Diário Oficial da União
EC – Emenda Constitucional
EEA – *European Economic Area Agreement*
E&P – Exploração e Produção
FIRJAN – Federação das Indústrias do Estado do Rio de Janeiro
FNDCT – Fundo Nacional de Desenvolvimento Científico e Tecnológico
FPSO – *Floating Production, Storage and Offloading*
GEOF – Programa Gerador das Ofertas (ANP)
IBP – Instituto Brasileiro de Petróleo, Gás e Biocombustíveis
ICM – Imposto sobre a Circulação de Mercadorias
ICMS – Imposto sobre a Circulação de Mercadorias e Serviços
ID – Código Identificador (ANP)
IDH – Índice de Desenvolvimento Humano
II – Imposto de Importação
ILS – Índice de custo de utilização de mão-de-obra local na prestação de serviços
ING – Índice de Nacionalização Global
INPI – Instituto Nacional da Propriedade Industrial

INSS – Instituto Nacional da Seguridade Social
IPI – Imposto sobre Produtos Industrializados
ISS – Imposto Sobre Serviços
LC – Lei Complementar
LC – *Local Content*
LICC – Lei de Introdução ao Código Civil
LP – Lei do Petróleo
LNG – *Liquid Natural Gas*
LSA – Lei das Sociedades Anônimas
LTDA. – Limitada
M – Multa
MDO – Mão-de-obra
MME – Ministério de Minas e Energia
MPE – *Ministry of Petroleum and Energy* (Noruega)
MPP – Plano Mestre de Procurement (Nigéria)
NAFTA – *North American Free Trade Agreement* (o mesmo que ALCA em português)
NCD – *Nigerian Content Division*
NNPC – *Nigerian National Petroleum Corporation*
NOC – *National Oil Company*
NR – Não realizado
ONG – Organização não governamental
ONIP – Organização Nacional da Indústria do Petróleo
PDO – *Plan for Development and Operation* (Noruega)
PEC – Projeto de Emenda Constitucional
PEM – Programa Exploratório Mínimo
PEMEX – Petróleos Mexicanos
PEXP = Programa Exploratório Ofertado versus o Percentual ofertado de conteúdo local

PIB – Produto Interno Bruto
PL – Projeto de Lei
PROMINP – Programa de Mobilização da Indústria Nacional de Petróleo e Gás Natural
PSA – *Production Sharing Agreement*
PSCs – *Production Sharing Contracts*
REPETRO – Regime Aduaneiro Especial de Exportação e Importação de Bens destinados à Exploração e à Produção de Petróleo e de Gás
RIPI – Regulamento do Imposto sobre Produtos Industrializados
RIR – Regulamento do Imposto de Renda
RJ – Rio de Janeiro
ROV – *Remote Operated Vehicle*
SERPUB – Serviço de Relações Públicas (Petrobras)
SGCL – Sistema de Gerenciamento de Conteúdo Local.
STF – Supremo Tribunal Federal
TC – Tribunal de Contas
TCU – Tribunal de Contas da União
TJ/RJ – Tribunal de Justiça do Estado do Rio de Janeiro.
UCAM – Universidade Cândido Mendes
UERJ – Universidade do Estado do Rio de Janeiro
USD – Dólares americanos
UT – Unidade de Trabalho

PREFÁCIO À OBRA DE LUIZ CEZAR QUINTANS:

Senti uma alegria muito especial com o convite feito pelo advogado e professor Luiz Cezar Quintans para prefaciar a sua obra.

Temos acompanhado as recentes transformações da indústria petrolífera brasileira, e a cíclica indagação sobre como os juristas podem contribuir para o encontro das necessárias soluções para os problemas contemporâneos. A reflexão sobre o quadro mais amplo de temas que permeiam o dia-a-dia das empresas que estão atuando no país, agora incorpora este novo ângulo: A disciplina do Conteúdo Local nos Contratos de Concessão. O assunto, multifacetado e complexo, é aqui enfrentado com coragem, pioneirismo e consistência por Quintans.

Posso dizer que dentre tantos e valiosos talentos que tenho conhecido nos últimos anos, destaca-se este vibrante profissional, que acumula o gosto pela atividade de operador do direito, executivo na gerência de uma importante empresa transnacional de petróleo, com a participação institucional nos comitês tributário e jurídico do Instituto Brasileiro do Petróleo, Gás e Biocombustíveis – IBP. Além disso, tem desenvolvido uma intensa atividade acadêmica, a qual inclui a coordenação editorial, com o estímulo a novos autores de Direito Tributário.

Muito me beneficiei com o seu convívio, que me permitiu compartilhar idéias, perplexidades e projetos.

Permito-me discorrer brevemente sobre sua trajetória, da perspectiva privilegiada que tive, evoluindo de um relacionamento profissional de colegas da indústria do petróleo para uma parceria acadêmica. Na primeira etapa, na avaliação de trabalhos do Congresso Rio Oil & Gas. A seguir, como aluno no do *short course* por mim organizado no IBP, para na versão seguinte do mesmo curso, atuar como instrutor. De aluno a professor foi fácil a migração, pelo entusiasmo em sala, na participação de todas as atividades conjuntas, pela disponibilidade para transmitir conhecimentos.

No biênio 2007-8, Quintans fez o curso de MBA promovido pelo IBP em convênio com a UERJ. Mais uma vez se destacou ele por sua liderança, ministrando aulas na qualidade de estágio docente do próximo curso. Contei também com sua inestimável ajuda como co-organizador do evento de avaliação dos dez anos da lei do petróleo promovido pelo Setor de Cursos do IBP em 2007.

Dentre outras searas de nossa convivência nesse período, poderia citar ainda a sua presença como professor convidado no programa de petróleo da Faculdade de Direito da UERJ, o PRH-33, no qual tem sido um entusiasta instrutor.

Quanto à matéria ora abordada, sabe-se que desde a primeira rodada de licitações, o conteúdo local vem sendo utilizado como critério de avaliação das ofertas. No entanto, ocorreram variações ao longo das rodadas, no seu peso no cálculo da oferta, bem como nos limites dos percentuais ofertados. Enquanto das Rodadas um a quatro não havia limite mínimo obrigatório, nas Rodadas cinco e seis foram incorporadas as noções de limites mínimos e máximos.

Foi, no entanto, apenas na 7ª Rodada que se inaugurou novo paradigma. Isto porque todo o processo de discussão que vinha sendo conduzido no país, no âmbito do PROMINP e outras iniciativas governamentais e de instituições ligadas à industria, como a ONIP, passou a repercutir de forma imediata no processo de revisão do Edital e do Contrato de Concessão. No lançamento do pré-edital da 7ª Rodada de Licitações, pela primeira vez, o conteúdo local havia sido excluído como um critério de avaliação das ofertas. Constava, expressamente, no pré-edital Parte A, item 3.5 que as obrigações mínimas de investimentos locais na fase exploração e etapa de desenvolvimento (Conteúdo Local) não seriam consideradas para efeitos de julgamento das ofertas. Após a consulta pública, o Conteúdo Local passou a novamente figurar como critério de julgamento das ofertas como nas rodadas anteriores, porém reduziu-se o peso dos pontos contabilizados com o Conteúdo Local, de 40% para 20%, em relação à rodada anterior. Com o intuito de se evitar propostas incompatíveis com a capacidade de fornecimento da indústria nacional, a ANP introduziu mais uma alteração na 7ª Rodada, qual seja, a fixação de um percentual máximo de conteúdo local.

Foi introduzida, também , ainda no âmbito da 7ª Rodada, a Cartilha de Conteúdo Local. O Prominp (Programa de Mobilização da Indústria Nacional de Petróleo e Gás Natural), em estudo para subsidiar o Ministério de Minas e Energia, desenvolveu o trabalho para auxiliar o estabelecimento de compromissos mínimos de Conteúdo Local para as próximas rodadas de licitação, já incluindo a sétima. Este estudo foi elaborado em conjunto com a ANP, o BNDES, a Petrobrás e a ONIP (Organização Nacional da Indústria do Petróleo). A elaboração da cartilha adotou a metodologia, já de longa data, utilizada pelo BNDES.

Outra inovação introduzida pela 7ª Rodada de Licitações foi a necessidade de certificação do Conteúdo Local. Os Regulamentos da Agencia Nacional do Petróleo, ANP, que disciplinam o assunto estabelecem que essa certificação deva ser realizada por empresas habilitadas pela própria ANP para tal.

A ANP iniciou o credenciamento de empresas para o exercício da atividade de certificação de conteúdo local, que englobam desde atividades típicas das fases de exploração e produção de petróleo e gás natural – de obras civis até plantas de separação e tratamento de petróleo e gás natural.

As empresas credenciadas serão responsáveis pela medição de conteúdo nacional de bens e serviços aplicados na indústria do petróleo, utilizando como metodologia a Cartilha de Conteúdo Local, e darão suporte para que a Agência fiscalize os compromissos com aquisições nacionais constantes nos contratos de concessão firmados entre a ANP e os concessionários de blocos de exploração e produção de petróleo e gás natural.

Tal conjunto de mudanças acentuou as duvidas e perplexidades para agentes de toda a cadeia da industria, resultando em nova etapa de regulação para a ANP. A Agência tem aberto novos canais de interlocução com o mercado, como a louvável iniciativa do workshop conjunto com o IBP, promovido em outubro de 2009.

É nesse desafiante cenário que, com persistência, Quintans se torna agora, com a presente obra, uma referência obrigatória no mundo jurídico e empresarial no trato desta instigante temática. Poucos foram os que se aventuraram nesse cenário, e entre eles incluo mestrandos no programa de petróleo da UERJ.[1]

A vida acadêmica e profissional em alguns momentos é exigente e penosa, mas mais amena e prazerosa ela se torna,

---

[1] LIMA, Juliana Cardoso de; RODRIGUES, Arthur Souza. "A Sétima Rodada de Licitação e o Conteúdo Local". *In* Rio Oil & Gás Conference, 2006; LIMA, Juliana Cardoso de "Perplexidades do Conteudo Local no Marco Regulatório Brasileiro" *In PEDPETRO*, Universidade Federal do Ceará, outubro de 2009.

quando da convivência surgem o respeito e admiração recíprocos. O Luiz Quintans, na sua generosidade, autenticidade e coragem, revela também destemor pela polêmica, e no conjunto nos captura a amizade.

Este prefácio, por todas as razões apontadas, procura também fazer uma justa homenagem ao autor.

Rio de Janeiro, 21 de Outubro de 2009.

Marilda Rosado
Doutora em Direito Internacional pela USP
Professora Adjunta de Direito Internacional na Faculdade de Direito da UERJ
Sócia do DORIA, JACOBINA, ROSADO E GONDINHO ADVOGADOS

SUMÁRIO

1 Preâmbulo 1
2 Conceito de Conteúdo Local 4
   2.1 – Objetivos do Conteúdo Local 8
   2.2 – Legalidade do Conteúdo Local brasileiro 10
3 Conteúdo Local em outros países 26
   3.1 – Conteúdo Local na Nigéria 26
   3.2 – Conteúdo Local no México 28
   3.3 – Conteúdo Local na Noruega 32
   3.4 – Conteúdo Local na Indonésia 35
4 Os ciclos de E&P e o Conteúdo Local, até a flexibilização do Monopólio 37
5 Evolução do Modelo Brasileiro, fatos jurídicos e regulatórios 43
   5.1 – A regulamentação da indústria, a partir da Lei do Petróleo 43
   5.2 – Fatos históricos e instabilidades 47
6 Histórico do Conteúdo Local nas Rodadas de Licitações 67
   6.1 – 1ª à 4ª Rodadas de Licitação (1999 a 2002) 67
   6.2 – 5ª e 6ª Rodadas de Licitação (2003 e 2004) 76
   6.3 – 7ª Rodada de Licitação (2005) 85
   6.4 – 8ª, 9ª e 10ª Rodadas de Licitação (2006 a 2009) 90
   6.5 – Modelo de cláusula de Conteúdo Local para contratos dos concessionários com fornecedores ... 101
   6.6 – Bens não especificados na Cartilha 104

7 Critérios de julgamento das Rodadas de Licitação da ANP .. 106
7.1 Requisitos do Edital 110
8 A qualificação das companhias de Oil & Gas no processo de licitação 114
9 A planilha de oferta de Conteúdo Local para as Concessionárias da ANP 123
   9.1 – A nova planilha em forma de programa, a partir da 10ª Rodada 129
10 Cálculo de Conteúdo Local 132
   10.1 – Práticas de Conteúdo Local 136
11 Certificação de Conteúdo Local 144
12 Credenciamento de Entidades para Certificação 151
13 Auditoria de Conteúdo Local 160
14 A forma de controle da ANP sobre os concessionários..... 164
15 O Conteúdo Local para os fornecedores das Concessionárias de E&P 168
16 As limitações de fornecedores nacionais e dos prestadores de serviços nacionais 171
17 Próximos passos para as Concessionárias e fornecedores de bens e serviços 177
   17.1 – Concessionárias 177
   17. 2 – Fornecedores 179
   17.3 – Produtores independentes 180
18 Conclusões e sugestões 182
19 Referências bibliográficas 193
   19.1 – Referências de sites 197

Anexo – Informes CCL 198

> "A vitória mais bela que se pode alcançar é vencer a si mesmo"
> Santo Inácio de Loyola

1
Preâmbulo

Até para subverter a ordem é necessário que haja alguma ordem pré-estabelecida. Assim ocorre com as normas jurídicas. Até para revolucioná-las precisamos que elas existam no ordenamento. Este preâmbulo, em grande parte, é a transcrição da introdução da palestra sobre Conteúdo Local ministrada pelo autor em 03 de setembro de 2008, no Guanabara Palace Hotel, Centro, Rio de Janeiro.

"Ocorreram algumas críticas com relação à possibilidade de alguém estar preparado para falar sobre Conteúdo Local. Eu cheguei a escutar isso. Eu gostaria de dizer o seguinte: – Eu tenho procurado estudar sobre Conteúdo Local, mas, nem mesmo a ANP[1] tem todas as respostas para a gente. Se vocês lerem a cartilha de Conteúdo Local, que é a base das planilhas de Conteúdo Local, vocês hão de verificar que há muito pouca coisa esclarecida. Há um pequeno glossário e uma formula básica. Eu procuro este debate em vários lugares, eu tentei fazer este debate em vários lugares e as pessoas não acreditavam que pudesse ter um público, como esse, onde estamos lotando um salão com pessoas[2] interessadas no tema. E durante a rápida divulgação da palestra constatou-se que tinha

---
[1] Agência Nacional do Petróleo, Gás Natural e Biocombustíveis.
[2] Cerca de setenta profissionais compareceram ao evento.

gente que não sabia o que é Conteúdo Local, talvez pela especificidade do tema, talvez pela falta de divulgação adequada. Enfim, verificam-se dificuldades em conhecer o tema e alguns não conhecem o palestrante. Há a dificuldade de integrar todos os assuntos que cercam Conteúdo Local, porque eles envolvem contabilidade, tributos, aspectos legais, geologia, geofísica, cálculos, etc. Significa que uma pessoa só não sabe tudo sobre o tema. Eu duvido! Há uma frase atribuída ao Professor Yves Gandra: *"– Quem diz que conhece profundamente direito tributário ou é mentiroso ou é louco"*; e parece que ele se posiciona entre os loucos. Eu diria, parafraseando o tributarista: "– Quem diz que conhece profundamente Conteúdo Local ou é mentiroso ou é louco" ... e eu me enquadro entre os loucos que estão tentando entendê-lo, para compartilhar o conhecimento, ainda que seja impossível, a uma só pessoa conhecer tudo sobre o tema. Enfim, é um assunto torto, difícil e eu gostaria de abrir essa palestra dizendo que não sei tudo, mas, procurei estudar e vou abordar os aspectos tanto por parte do concessionário da atividade de petróleo e gás, que é aquele que firma o contrato com a ANP, bem como abordar aspectos que afetam os fornecedores de bens, serviços e mão-de-obra, que atendem aos concessionários.

Bem, o concessionário de petróleo tem diretamente obrigações com a ANP, por conta de um contrato. Primeiro por conta de um Edital de Licitação e depois, ganhando o leilão, por conta do próprio contrato de concessão. O Conteúdo Local é, entre outras atribuições, um critério de julgamento dos leilões da ANP e sua obrigação foi instituída por contrato. Possui penalidades, nós também falaremos sobre isso. Estaremos comentando o que aconteceu no universo jurídico e regulatório. O marco regulatório, desde as Emendas Constitucionais até os dias atuais. Nós vamos olhar as coisas sobre o ponto de vista das Concessionárias e dos seus fornecedores tecendo comentários para questionar e filosofar a respeito do tema. Precisamos ver o que o fornecedor precisa para se desenvolver e que peça ele representa nessa engrenagem. Assim, ao fornecedor, estamos oferecendo um modelo de declaração de Conteúdo Local. Neste período de transição,[3] para o concessionário, estamos oferecendo um modelo de cláusula contratual que serve a ambas as partes. Tanto para o fornecedor quanto para o concessionário. Enfim, vou trabalhar com os principais *players* neste processo, sem excluir a ANP que é o órgão que emitiu resoluções que tratam da matéria, falaremos sobre projetos do PROMINP e algumas estruturas do Governo. Vou trazer as questões relativas aos certificadores, que é uma figura nova que surgiu com as novas resoluções da ANP!"

Todos e quaisquer comentários ou críticas aos procedimentos adotados pelo Governo ou pela ANP devem ser tomados como opinião do autor, como professor universitário e como membro de comitês da indústria. Algumas críticas devem ser tomadas como a imagem que os atos e os fatos ocorridos passam para a opinião pública, ainda não percebidas pela administração e pelas políticas públicas. Muitas omissões, questionamentos, dúvidas e sugestões devem ser tomadas com o propósito de tornar o tema mais claro, mais límpido, mais jurígeno, mais legal, no sentido formal do vocábulo; e, se possível, mais simples. Tudo no sentido de ajudar a melhorar. É claro que *"ser pedra é melhor que ser vidraça"*, mas, a verdade é que o Conteúdo Local, como está posto, inquieta demais toda a indústria; e nas palavras de Budha: *"Nenhuma felicidade é maior do que a paz de espírito"*. A paz de espírito se alcança quando se fala a verdade, de coração, pensando no bem geral.

Boa leitura!

O AUTOR

---

[3] Como a palestra foi proferida em 03 de setembro de 2008 havia um período de transição entre certificação obrigatória e declarações de fornecedores.

"Não concordo com uma só palavra do que dizes, mas defenderei até a morte o direito de dizê-las"
François Marie Arouet (Voltaire)

2
Conceito de Conteúdo Local

Conteúdo Local não tem uma definição precisa. O assunto tem sido tratado como se fosse uma fórmula, um percentual. Mas, Conteúdo Local é, na verdade: "um processo de estímulo, uma orientação política, com o intuito de ampliar a capacidade de fornecimento brasileiro, para o desenvolvimento da indústria local de bens e serviços, a ponto de gerar competitividade a níveis internacionais, renda, emprego, novos insumos e tecnologias no Brasil".[4] Neste aspecto, vale dizer que há um pequeno erro de abordagem do tema, porque o conceito tem sido tratado como uma indicação de proporções e métodos, como se fosse uma receita de bolo, que já esta (como fórmula) inserida nos regulamentos da ANP e já existia, há tempos, em um glossário da Petrobras[5] construído ao longo de sua existência.

---

[4] QUINTANS, Luiz Cezar P., conceito desenvolvido e utilizado por pela primeira vez na Universidade Cândido Mendes - UCAM, em 2006, no Curso de Pós-Graducão em Direito do Petróleo e repetido no artigo do autor em maio de 2007, denominado: "Questionamento sobre Conteúdo Local nas licitações da ANP" publicado no site http://www.guiaoffshore.com.br/Materia.asp?ID_MATERIA=5200.

[5] Dados disponíveis no glossário Petrobras em: http://www2.petrobras.com.br/ri/port/Glossario/Glossario.asp
Acesso em 19/10/2006.

Assim, Conteúdo Local sempre foi tratado como um "Porcentual que corresponde ao cociente entre: – a diferença entre o valor total de comercialização de um bem (excluídos IPI e ICMS) e o valor de sua respectiva parcela importada e; – seu valor total de comercialização (excluídos IPI e ICMS)."

Afora o fato de que o conceito real é o fomento, a ampliação da capacidade de fornecimento brasileira, há o desdobramento do que se pode chamar de "segundo conceito", com o surgimento, posteriormente, dos Regulamentos Técnicos da ANP que trouxeram, por exemplo, no Regulamento de Auditoria de certificação, que *"Conteúdo Local (bens): é a porcentagem dos gastos realizados em aquisições de bens, bens de uso temporal e serviços locais realizados conforme aplicação da Cartilha de Conteúdo Local em relação aos gastos totais daquela fase, etapa ou item da planilha respectiva, anexa ao Contrato de Concessão"*.

Segundo o professor Paulo Buarque Guimarães[6] e seu habitual pragmatismo: "Conteúdo local é um compromisso entre o Estado e o Particular que o obriga a fazer aquisições mínimas de bens e serviços de fornecedores brasileiros, mesmo que esses bens e serviços não sejam disponíveis em determinadas etapas da exploração e produção".[7]

Há também o que chamo de "terceiro conceito" do que venha a ser conteúdo local: Conteúdo local "é um critério de julgamento dos leilões da ANP". Essa concepção pode não ser justa e alguns trabalhos já a questionam, mas, está correta, pois, também não deixa de ser um critério de julgamento, desde que as rodadas começaram.

Criar um ambiente para desenvolver a indústria brasileira é dever dos governantes e de todos os brasileiros, em especial, dos empresários locais. Mas, determinar que uma

---

[6] Professor da UFF, mestre em geofísica, físico, Ex-Superintendente da ONIP e atual Secretário Geral da ABPIP.

[7] Conceito exposto em conversa reservada com o autor, em outubro de 2008 (logo após o seminário para a 10ª Rodada de licitações).

promessa de desenvolvimento e aquisição de bens e serviços, seja cumprida, para daqui a uns cinco, seis ou oito anos, num país onde as regras mudam, o Judiciário pára o processo licitatório, a inflação corrói e as tecnologias e preços mudam, é um risco, é muito difícil de entender, por não ser um compromisso objetivo e certo.

Em direito administrativo aquilo que não for cumprido pela empresa habilitada em uma licitação faz com que o processo seja considerado ilícito, inapto ou inadequado. Desta forma o partícipe fica sujeito a anulação da licitação ou a exclusão de sua participação. Depois de formalizado o contrato de concessão, o não cumprimento do Conteúdo Local pode ser tomado como motivo de rescisão contratual, caso o Concessionário deixe de cumprir prazo fixado pela ANP para o adimplemento de obrigação pendente[8], exceto se a ANP optar por aplicar sanções em lugar da rescisão, quando o descumprimento do Contrato não for julgado grave, ou reiterado, ou revelador de imperícia, imprudência ou negligência contumazes, ou se ficar constatado que houve ação diligente no sentido de corrigir o descumprimento.[9] Mas, temos também que considerar que Conteúdo Local não possui lei formal que o institua e vários aspectos legais merecem acolhida, antes de julgarmos o processo licitatório em si.

Igualmente e inconsistentemente, assumir um critério que pode ser substituído por dinheiro, ou seja, multa[10], é o mesmo que dizer que o critério "conteúdo local" é uma postecipação do bônus de assinatura (em forma de multa).

Outra maneira de enxergar conceitualmente Conteúdo Local é o conceito internacional de "Domestic Content" que

---

[8] Este prazo não poderá ser inferior a 90 dias, salvo nos casos de extrema urgência (ver cláusula 30.1 do contrato de concessão da 9ª rodada de licitações).

[9] Ver cláusula 30.5 do contrato de concessão da 9ª rodada de licitações.

[10] É neste sentido que, por sua natureza compensatória e por ter a mesma natureza monetária que o bônus de assinatura, se entende que a multa de conteúdo local é dedutível para fins de imposto de renda.

existe em alguns países como Austrália, Canadá, Tailândia, Estados Unidos e em vários outros lugares onde é conhecido como *Domestic Content Protection* definido como o "Uso de políticas de comércio com a exigência de conteúdo doméstico para aumentar a porção do valor de um produto que é provido por fatores domésticos de produção, ou pela produção direta ou através de entradas (input de bens ou serviços) na produção"[11].

Voltando um pouco no tempo, antes mesmo de existir Conteúdo Local nos leilões da ANP o fomento ao desenvolvimento e à competitividade da indústria nacional já era praticado pela Petrobras. Aliás, há um grande divisor de águas entre o que era a atividade da cadeia produtiva e de serviços da indústria de petróleo e gás antes e depois da Rodada 1[12] de Licitações da ANP. Até a edição da Lei do Petróleo apenas a Petrobras, desde sua criação, em 1953, até a rodada zero de licitações da ANP – Agência Nacional do Petróleo, Gás Natural e Biocombustíveis ocorrida em 1998, é que tratava dos processos de substituição de importações, contratando fornecedores locais. Já havia por parte da empresa e do governo essa preocupação com o desenvolvimento da indústria, porém, com a possibilidade de empresas internacionais participarem de processos licitatórios para a concessão da exploração de petróleo e gás, por óbvio haveria uma demanda internacional na aquisição de bens e serviços no exterior. "No Brasil, (...), em julho de 1999, estavam sendo perfurados três poços exploratórios e 16 poços de desenvolvimento. Por mais que esses números sejam reflexo da crise econômica interna e do cenário

---

[11] Tradução livre da International Economics Glossary http://www-personal.umich.edu/~alandear/glossary/d.html acesso em 19/10/2006.

[12] Considera-se "Rodada 1" a primeira rodada de licitações, em 1999, que puderam participar as companhias privadas de petróleo, após a flexibilização do monopólio.

de preços de petróleo deprimidos eles demonstram, na verdade, que ainda existe uma grande carência de infra-estruturas exploratórias no país."[13]

Em 1999, com o ingresso de outras empresas nos processos licitatórios em E&P haveria uma ampliação de fornecedores internacionais e um alargamento da aquisição de bens e serviços no exterior, já que localmente os fornecedores não estavam preparados para o acréscimo repentino de demanda. Daí a importância para o Governo em manter um conteúdo local obrigatório, para a formação de novos fornecedores locais e para ampliar a capacidade de fornecimento brasileiro, estabelecendo um real desenvolvimento da indústria nacional.

2.1 Objetivos do Conteúdo Local

Os objetivos do Conteúdo Local se confundiriam com o conceito, se este não fosse tido há tempos como uma fórmula. Pois bem, Conteúdo Local, resumidamente, é um processo de substituição de importações na tentativa de transformar um mercado inexplorado em um mercado pulsante. Depois que o mercado se torna maduro ou, ao menos, se mantém, Conteúdo Local pode ser tido como uma ferramenta política de proteção ao mercado local. Segundo Kala Krishna e Motoshige Itoh[14] o Conteúdo Local pode ser protegido por penalidades ou barreiras alfandegárias, vejamos:

---

[13] ZAMITH, Regina. A indústria para-petroleira nacional, São Paulo: Annablume, 2001, pág. 56.
[14] KRISHNA Kala & ITOH Motoshine, Content Protection and Oligopolistic Interactions, *The Review of Economic Studies*, Vol. 55, No. 1. (Jan., 1988), pp. 107-125. Stable URL: http://links.jstor.org/sici?sici=0034-6527%28198801%2955%3A1%3C107%3ACPAOI%3E2.0.CO%3B2-3, acesso em 01 de julho de 2008.

"Content protection policies require that a given proportion of domestic value added, or a given proportion of domestic components be embodied in the final product. The policy is enforced by setting penalties for non-compliance. These often take the form of tariffs on imported intermediate goods, and/or the removal of tariffs on imports of the final good. Throughout we assume that the penalties are sufficient to delete non-compliance. Therefore, we do not need to specify the penalties themselves.

Content protection schemes are means often used by developing countries attempting to build a manufacturing base, and by developed countries to prevent the erosion of such a base in industries threatened by foreign competition. Taiwan has used such policies in the television and refrigerators industries, while the U.S. has used them to revitalize its ship building industry. Canada used them to protect her auto industry for almost 25 years."

São também objetivos do Conteúdo Local, entre outros, a ampliação da capacidade de fornecimento local e o consequente aumento da competitividade da indústria nacional, até que esta possa participar do mercado internacional.

Se cumpridos esses objetivos teremos, por certo, um parque nacional de reconhecida capacitação tecnológica e qualitativa, com fôlego para entregar os pedidos em prazo razoável e dentro das perspectivas dos compradores, de modo que atenda a demanda; crie novos produtos sem similar internacional; gere empregabilidade local e desenvolvimento do mercado de trabalho.

2.2 Legalidade do Conteúdo Local brasileiro

O termo "legalidade" não é precisamente empregado neste capítulo porque Conteúdo Local não é propriamente "legal", é contratual, como será demonstrado, mas, conforme afirmado pelo TCU é possível encontrar alguma "guarida" no artigo 1º da Lei do Petróleo[15], o que significa dizer que está escorado nos seguintes objetivos da política nacional:

I – preservar o interesse nacional;
II – promover o desenvolvimento, ampliar o mercado de trabalho e valorizar os recursos energéticos; e
III – atrair investimentos na produção de energia;

Segundo o TCU, encontra ainda abrigo no artigo 8º, inc. I, da Lei n.º 9.478/97, que determina a competência da ANP para implementar, em sua esfera de atribuições, a política nacional de petróleo, gás natural e biocombustíveis, contida na política energética nacional, com ênfase na garantia do suprimento de derivados de petróleo, gás natural e seus derivados, e de biocombustíveis, em todo o território nacional, e na proteção dos interesses dos consumidores quanto a preço, qualidade e oferta dos produtos[16];

O TCU julga que o Conteúdo Local encontra proteção no artigo 174 da Constituição Federal combinado com o já citado artigo 8º, caput, e seu inciso IV, da Lei n.º 9.478/97, baseando-se no fato de que o Estado deve exercer suas funções de incentivo, entre outras (fiscalização e planejamento) para o desenvolvimento nacional equilibrado, reiterando que cabe à ANP implementar as políticas acima referidas, através

---

[15] BRASIL. Lei n.º 9.478 de 06 de agosto de 1997.

[16] Já atualizado pela redação da lei brasileira nº 11.097/2005.

da elaboração dos editais e da promoção das licitações para a concessão de exploração, desenvolvimento e produção, celebrando os contratos delas decorrentes e fiscalizando a sua execução.

É prudente notar que o TCU lê a Constituição, no Título VII (Da Ordem Econômica e Financeira), como um todo, não fazendo referências específicas ao segmento pela leitura exclusiva do artigo 177, como querem alguns interpretadores do tema; e, pela forma como está julgando, entende que preservar o interesse nacional não impede o desenvolvimento, a ampliação do mercado de trabalho, a valorização dos recursos energéticos e, especialmente, a atração de investimentos para a produção de energia.

Toda construção, acima comentada, está contida no ACÓRDÃO nº 1157/2007 – TCU – PLENÁRIO, no Processo nº TC 002.428/2005-3, com 1 volume e 53 anexos, quando do julgamento do acompanhamento da Sétima Rodada de Licitações, com vistas à outorga de concessão para a produção de petróleo e gás natural, sob a responsabilidade da Agência Nacional do Petróleo, Gás Natural e Biocombustíveis, o TCU decidiu:

> "A preferência dada aos bens, produtos, equipamentos e serviços nacionais, mesmo que com preços superiores aos correspondentes estrangeiros, encontra guarida no art. 1º, inc. I, II e X, c/c o art. 8º, inc. I, da Lei n.º 9.478/97 e no art. 174, caput, da Constituição Federal c/c o art. 8º, caput e inc. IV, da Lei n.º 9.478/97 e, ainda, no poder de polícia exercido com vistas à consecução do interesse público, fomentando o crescimento da indústria e do setor de serviços nacionais."[17]

---

[17] http://www.brasil-rounds.gov.br/geral/relatorios_TCU/acordao_1158_2007.pdf, acesso em 26 de junho de 2007.

Com a devida permissão, parece frágil demais o arcabouço legal que se pretende fundamentar o Conteúdo Legal; e merece ser respeitado o princípio da legalidade, disposto no art. 5º, inc. II, da CF, a seguir:

> "Art. 5º Todos são iguais perante a lei, sem distinção de qualquer natureza, garantindo-se aos brasileiros e aos estrangeiros residentes no País a inviolabilidade do direito à vida, à liberdade, à igualdade, à segurança e à propriedade, nos termos seguintes:
> ...
> II – ninguém será obrigado a fazer ou deixar de fazer alguma coisa senão em virtude de lei;"

Como se sabe, para o Direito Privado tem-se por regra que tudo "o que não é proibido em lei é permitido". Já em sede de Direito Público, onde se insere o Direito Administrativo e o Direito Tributário, vige como regra que "o que não está estabelecido por lei é proibido". Isso é o que podemos chamar de princípio da reserva legal ou da estrita legalidade, disposto especialmente no inc. II, do art. 5º da Carta Magna, acima destacado.

Segundo o administrativista Hely Lopes Meirelles[18] "No direito privado, a liberdade de contratar é ampla e informal, salvo as condições da lei e as exigências especiais de forma para certos ajustes, ao passo que no Direito Público a Administração está sujeita a limitações de conteúdo e a requisitos formais rígidos, mas em contrapartida, dispõe sempre dos privilégios administrativos para a fixação e alteração das cláusulas de interesse público e até mesmo para pôr fim ao contrato em meio de sua execução".

As entidades públicas devem se submeter ao princípio da legalidade, para que possa ocorrer a possibilidade de se efe-

---

[18] MEIRELLES, Hely Lopes. Direito Administrativo Brasileiro. 21ª. ed. São Paulo – SP: Malheiros, 1996, p. 194.

tuar um controle dos atos do Estado pela via jurisdicional. Se atingido esse princípio, viola-se o direito por lesão por ato sem a o amparo legal. É o que preconiza o Recurso Especial do STJ, REsp 131494 RS 1997/0032902-0, Relator Ministro Milton Luiz Pereira, julgado em 14/02/2001 pela T1 – PRIMEIRA TURMA, com a seguinte ementa:

> "Mandado de Segurança. Administração Pública. Princípio da Legalidade. Aplicação de Sanções Órfãs de Previsão Legal. Limites do Regulamento. Decreto-Lei 37/66 (arts. 94 e 96). Decreto 91.030/85.
> 1. O Administrador Público submete-se ao princípio da legalidade. Malferido o princípio, viola-se o direito líquido e certo do cidadão, afetado por ato sem a sobreguarda legal.
> 2. As sanções desviadas de previsão legal constituem ofensa a direito fundamental do cidadão.
> 3. Recurso sem provimento."

A maior dúvida que persiste é se a obrigatoriedade do cumprimento de Conteúdo Local é uma matéria reservada à lei ou se é uma mera obrigação contratual? Sendo uma obrigação criada e imposta por uma Autarquia, estaria baseada em que norma? O direito de auto-regulamentação da Agência a autoriza criar normas de aplicação geral para os concessionários e seus fornecedores, que não tem origem em nenhuma lei formal?

Há diversos casos onde as Agências reguladoras e a administração pública, em geral, não respeitam ou não distinguem certos princípios, como muito bem observa José Afonso da Silva, comentando que a própria doutrina adota o mesmo comportamento embaraçado: "não raro confunde ou não distingue suficientemente o princípio da legalidade e o da reserva de lei. O primeiro significa a submissão e o respeito à lei, ou a atuação dentro da esfera estabelecida pelo legislador. O segundo consiste em estatuir que a regulamentação de determinadas matérias há de fazer-se necessariamente por lei formal."[19]

Segundo Flávio Augusto Monteiro de Barros: "o princípio da reserva legal é uma garantia constitucional dos direitos do homem. Ingressa no rol das liberdades públicas clássicas que constitui limitações jurídicas ao poder estatal. As liberdades clássicas protegem a pessoa do arbítrio do Estado".[20] É fundamental lembrar que a elaboração de leis está reservada ao Poder Legislativo; e em caráter secundário admite a participação do Poder Executivo. Como é sabido, a competência legislativa, ou ainda, o título jurídico para elaboração de leis, incumbe primordialmente ao Poder Legislativo. Por sua vez, a Constituição Federal, admite a participação do Poder Executivo no processo de elaboração de leis, em caráter secundário, por meio do instituto da Delegação legislativa. Leila Cuellar, ao comentar sobre os limites normativos das Agências Reguladora, conclui que:

> "É oportuno frisar que com a delegação legislativa opera-se uma transferência temporária e excepcional do exercício de competência legislativa. O legislador não renuncia à sua competência, mas permite que a atividade legiferante seja exercida por outro órgão, dentro das diretrizes por ele traçadas". [21]

---

[19] SILVA, José Afonso, Curso de direito constitucional positivo, São Paulo, Malheiros, 15ª ed., pág. 423.

[20] BARROS, Flávio Augusto Monteiro, Direito Penal, São Paulo, Saraiva, volume 1, 10ª ed., pág. .25.

[21] CUELLAR, Leila. As Agências Reguladoras e Seu Poder Normativo, Dialética, 2001, pág. 111.

O saudoso jurista Hely Lopes Meirelles[22] nos ensina o seguinte:

> "O poder regulamentar é a faculdade de que *dispõem os Chefes de Executivo (Presidente da República, Governadores e Prefeitos) de explicar a lei para sua correta execução, ou de expedir decretos autônomos sobre matéria de sua competência ainda não disciplinadas por lei. É um poder inerente e privativo do Chefe do Executivo (CF, artigo 84, IV), e, por isso mesmo, indelegável a qualquer subordinado.*
>
> *No poder de chefiar a Administração está implícito o de regulamentar a lei e suprir, com normas próprias, as omissões do Legislativo que estiverem na alçada do Executivo. Os vazios da lei e a imprevisibilidade de certos fatos e circunstâncias que surgem, a reclamar providências imediatas da Administração, impõem se reconheça ao Chefe do Executivo o poder de regulamentar, através de decreto, as normas legislativas incompletas, ou de prover situações não previstas pelo legislador, mas ocorrentes na prática administrativa. O essencial é que o Executivo, ao expedir regulamento – autônomo ou de execução de lei –, não invada as chamadas "reservas da lei", ou seja, aquelas matérias só disciplináveis por lei, e tais são, em princípio, as que afetam as garantias e os direitos individuais assegurados pela Constituição (artigo 5º).*
>
> *A faculdade normativa, embora caiba predominantemente ao Legislativo, nele não se exaure, remanescendo boa parte para o Executivo, que*

---

[22] MEIRELLES, Hely Lopes. Direito Administrativo Brasileiro, 21ª ed., 2ª Tiragem, Ed. Malheiros, págs. 112/113.

> *expede regulamentos e outros atos de caráter geral e efeitos externos. Assim, o regulamento é um complemento da lei naquilo que não é privativo da lei. Entretanto, não se pode confundir lei e regulamento.*
>
> *Regulamento é ato administrativo geral e normativo, expedido privativamente pelo Chefe do Executivo (federal, estadual ou municipal), através de decreto, com o fim de explicar o modo e forma de execução da lei (regulamento de execução) ou prover situações não disciplinadas em lei (regulamento autônomo ou independente).*
>
> *O regulamento não é lei, embora a ela se assemelhe no conteúdo e poder normativo. Nem toda lei depende de regulamento para ser executada, mas toda e qualquer lei pode ser regulamentada se o Executivo julgar conveniente fazê-lo. Sendo o regulamento, na hierarquia das normas ato inferior a lei, não a pode contrariar, nem restringir ou ampliar suas disposições. Só lhe cabe explicitar a lei, dentro dos limites por ela traçados. Na omissão da lei, o regulamento supre a lacuna até que o legislador complete os claros da legislação. Enquanto não o fizer, vige o regulamento desde que não invada matéria reservada a lei."*

ANP instituiu, por via contratual, o Conteúdo Local como um fator de competição entre os licitantes, na busca de fomentar o desenvolvimento da Indústria Nacional do setor de Petróleo. Essa obrigação serve ao princípio da livre concorrência e as funções de incentivo e planejamento para o setor público e para o setor privado, mas, entre observar preceitos constitucionais e ter regulamentação pautada em lei formal é uma diferença muito grande.

Conteúdo Local, além de não ter origem em lei formal é pautado (a partir de 2005) em uma cartilha que versa sobre regras que devem ser cumpridas, não pelo Concessionário que tem uma relação direta, imediata e contratual com a ANP, mas, sim, exige que o seu cumprimento seja atingido por terceiros, os próprios fornecedores. Caso os fornecedores nacionais não tenham condições de atender às necessidades do Concessionário, seja por inexistirem, por não estarem preparados, por não possuírem preço ou qualidade compatíveis ou por não terem capacidade de entregar os pedidos no prazo adequado, a situação de inadimplência contratual ficará reservada ao contratante/concessionário.

Não obstante, nove anos depois da Rodada Zero, em novembro de 2007, a ANP editou quatro novas resoluções[23] em relação a Conteúdo Local, tentando regulamentar o assunto, a saber:

- RESOLUÇÃO ANP nº 37, DE 13.11.2007 que aprova o Regulamento ANP nº 7/2007 (Critérios e procedimentos para cadastramento e credenciamento de entidades para Certificação de Conteúdo Local);
- RESOLUÇÃO ANP nº 39, DE 13.11.2007 que aprova o Regulamento ANP nº 9/2007 (Periodicidade, formatação e o conteúdo dos relatórios de investimentos);
- RESOLUÇÃO ANP nº 36, DE 13.11.2007 que aprova o Regulamento ANP nº 6/2007 (Critérios e procedimentos para execução das atividades de Certificação);
- RESOLUÇÃO ANP nº 38, DE 13.11.2007 que aprova o Regulamento ANP nº 8/2007 (Critérios e procedimentos de Auditoria nas empresas de Certificação).

---

[23] Todas publicadas no DOU de 16.11.2007.

As resoluções ANP que tratam de Conteúdo Legal não tem qualquer arcabouço legal que lhes dê suporte, especialmente, com respeito a obrigações a serem cumpridas por terceiros que nada têm a ver com as licitações promovidas pela Agência; e sendo os regulamentos atos inferiores a lei, não podem restringir ou ampliar suas disposições. A ANP faz determinações aos concessionários para que estes façam contratos com fornecedores e que citados contratos contemplem obrigações dos fornecedores em fornecer declarações e, especialmente, certificação de produtos, em muitos casos, por cada um dos documentos fiscais emitidos.

Calando um pouco qualquer polêmica acerca da natureza do Conteúdo Local, nos preâmbulos das resoluções acima citadas a ANP confirma a origem contratual do Conteúdo Local citando: "Considerando que a partir da 7ª Rodada de licitações, realizada em 2005, a ANP introduziu novas regras e exigências para comprimento de Conteúdo Local contratual" (sem grifos no original).

Paralelamente, segundo a Portaria ANP 234/2003, que aprova o Regulamento que define o procedimento de imposição de penalidades aplicável aos infratores das disposições e termos constantes dos contratos de concessão, dos editais de licitação e na legislação aplicável, a violação do contrato que retira a igualdade de preferência entre fornecedores (locais ou internacionais) é punida com advertência, com se vê no inciso III, do art. 3º, a saber:

> "Art. 3º Será aplicada advertência na ocorrência das seguintes infrações:
> (...)
> III - deixar de cumprir as disposições contratuais ou da legislação aplicável que estabeleçam igualdade de oportunidade e o direito de preferência entre fornecedores, no caso de aquisição de bens e serviços necessários à realização de atividades petrolíferas sob regime de concessão;"

Ocorrendo a advertência será também aplicada a multa de R$ 50.000,00 (cinquenta mil reais), conforme art. 4º, II da referida Portaria, bem como, no mesmo artigo há um dispositivo mais genérico (inciso XXI), que menciona que a multa será de R$ R$ 500.000,00 (quinhentos mil reais) caso o concessionário venha a conduzir as operações de exploração, desenvolvimento ou produção de petróleo e/ou gás natural em desacordo com as disposições contratuais.

Quando, no Brasil, não for possível encontrar fornecedor de bens e serviços, ao tempo e no prazo dos períodos de exploração e produção nos contratos, seja pela inexistência do fornecedor, seja pela falta de capacidade instalada ou falta de infra-estrutura local, seja por não oferecer preços, prazos e qualidade compatíveis, o concessionário, entre outros, poderá alegar junto à ANP que está ocorrendo onerosidade excessiva, se provados os fatos que ensejam sua ocorrência, conforme se pode ver na APELAÇÃO CÍVEL AC 20030110405317 DF (TJDF)[24]:

> "PROCESSUAL CIVIL. CONTRATO DE COMRA E VENDA DE IMÓVEL. APLICABILIDADE. CDC. INEXISTÊNCIA. ONEROSIDADE EXCESSIVA. APLICABILIDADE. PACTA SUNT SERVANDA.
> 1. SOMENTE CIRCUNSTÂNCIAS EXTRAORDINÁRIAS ENTRAM NO CONCEITO DE **ONEROSIDADE EXCESSIVA**, AI EXCLUÍDOS OS ACONTECIMENTOS DECORRENTES DA ÁLEA NORMAL DO CONTRATO, QUE SE TRADUZ NO RISCO PREVISTO QUE O CONTRATANTE DEVE SUPORTAR, OU, SE NÃO PREVISTO EXPLICITAMENTE NO CONTRATO, SUA OCORRÊNCIA É PRESUMIDA. OS FATOS

---
[24] TJDF - 24 de Novembro de 2005.

SUPERVENIENTES QUE ENSEJARIAM A APLICAÇÃO DA CLÁUSULA REBUS SIC STANTIBUS, NECESSITARIAM SER PROVADOS, O QUE NÃO OCORREU NO PRESENTE CASO."

Não só isso, o custo de certificação – por documento fiscal – é algo de grandes proporções, sem falar no despreparo e na falta de orientação de muitos certificadores, pois, não possuem linha mestra ou ordenamento jurídico para servir como guia. Como não existem produtos certificados, a solução encontrada pela norma é a cerificação documento por documento. E mais, ficarão os fornecedores à mercê dos certificadores, que conhecerão seus processos produtivos, seus custos e até mesmo os seus próprios fornecedores.

O problema da "onerosidade excessiva" é que não é possível afirmar com segurança que nos contratos que tenham como parte a Administração Pública esse conceito possa ser utilizado, já que poderia se confrontar com outros conceitos e princípios aplicáveis a essas entidades.

Os contratos de concessão de petróleo e gás têm uma natureza diversa de outros contratos que tenham como parte um ente público. Essa constatação deriva da dificuldade de se estabelecer um consenso doutrinário do que seja a natureza jurídica desse contrato (público, privado, misto ou econômico).[25]

As dúvidas se iniciam já no uso do vocábulo, tendo em vista que se usa a palavra concessão tanto para atividades econômicas com minerais,[26] quanto para a prestação de serviços públicos, como é o caso da Lei 8.987/95. Além disso, concessão pode ser um tipo contratual como também pode ser um dos regimes regulatórios constitucionais, para contratar com a Administração Pública, adotados no Brasil, no título VII, da

---

[25] QUINTANS, Luiz Cezar P. Mais um round contra o modelo de concessão de E&P. Texto inserido no site da na Academia Brasileira de Direito em 11 de agosto de 2006.

[26] BRASIL. Constituição Federal artigos 176 e 177.

ordem econômica.[27] Portanto, na doutrina, o que mais se vê são concessões de serviços e não o *license agreement* praticado no mundo do petróleo.

Pelo que se nota em algumas decisões do STF o entendimento caminha para a linha de pensamento de que os contratos de concessão de petróleo e gás devem ser admitidos como contratos econômicos, com algumas características de contrato público. Não se deve confundir a proteção estratégica adotada pela Constituição em monopolizar a atividade com a utilidade pública que não está presente na atividade em si. No contrato com a ANP, por certo, há cláusulas exorbitantes, como as que permitem alterações unilaterais e rescisão contratual, mas, Conteúdo Local, efetivamente, não se pode tomar como se cláusula exorbitante fosse.

Considerando a indefinição doutrinária do contrato de concessão, entende-se que em algumas circunstâncias, é permitida a sua revisão contratual, pela existência de eventos novos ou pela inexistência de eventos esperados. Para solução, recorrendo, subsidiariamente ao novo Código Civil, para evitar a resolução dos contratos, pelo art. 479, deve-se oferecer a oportunidade de modificar equitativamente as condições do contrato; ou ser possível pleitear que seja alterado o modo de executar o contrato, justamente para evitar a onerosidade excessiva, na forma do art. 480 do mesmo diploma; ou, simplesmente, caberá alegar força maior.

Há situações – e previsão contratual – onde o não cumprimento do Conteúdo Local por falta de fornecedores locais pode ser tipificado como força maior, afinal, a essência da força maior é o impedimento de agir ou de cumprir obrigações por evento humano de terceiros. Isso é o que podemos extrair das lições de Orlando de Almeida Secco:

---

[27] Concessão, permissão ou autorização.

" a força maior evidencia um acontecimento resultante do ato alheio (fato de outrem) que sugere os meios de que se dispõe para evitá-lo, isto é, além das próprias forças que o indivíduo possua para se contrapor, sendo exemplos: guerra, greve, revolução, invasão de território, sentença judicial específica que impeça o cumprimento da obrigação assumida, desapropriação etc." Ou seja, todos os atos ou ações humanas que se tornem obstáculos a outrem, impedindo-os de agir ou cumprir com seus direitos ou deveres".[28]

Declarações de entidades, reportagens, informações públicas, artigos, anúncios nos jornais convocando fornecedores, tudo isso pode ajudar na fase de provas, para a inexecução da obrigação de Conteúdo Local por força maior, alheia à vontade do concessionário.

Outra argumentação contra a utilização do Conteúdo Local como um dos critérios do julgamento da licitação é que a Lei do Petróleo em seu artigo 40 exige que os critérios de julgamento sejam objetivos. Ou seja, práticos, positivos e válidos para todos.

Como se constata, Conteúdo Local no Brasil não é prático, há itens, subitens e planilhas ou programas enormes a serem preenchidas, dependendo de condições econômicas, preço do petróleo no mercado internacional e outras variáveis para ser possível, no futuro acertar seus percentuais. Não dá para chamar isso de critério objetivo. O artigo 40 está assim redigido:

"Art. 40. O julgamento da licitação identificará a proposta mais vantajosa, segundo **critérios objetivos**, estabelecidos no instrumento convocatório, com

---

[28] SECCO, Orlando de Almeida. Introdução ao Estudo do Direito, Rio de Janeiro, Freitas Bastos, 1981, p. 125.

fiel observância dos princípios da legalidade, impessoalidade, moralidade, publicidade e igualdade entre os concorrentes." (grifamos)

Pode-se ir até um pouco mais longe, pois, caso a ANP tenha ciência de que não há disponibilidade de fornecedores no Brasil para as concessionárias alcançarem os percentuais mínimos de Conteúdo Local, por certo, estará a Agência ferindo os artigos 17 e 40 da Lei do Petróleo, por não observância do princípio da moralidade, como consagradamente coloca o professor francês Maurice Hauriou, em sua obra *Précis de Droit Administratif* que ao citar sobre esse princípio comenta que a administração deve saber distinguir, entre outras coisas "também entre o honesto e o desonesto; há uma moral institucional, contida na lei, imposta pelo Poder Legislativo, e há a moral administrativa (...)",[29] mesmo que tenha a administração o poder discricionário.

Espera-se o bom senso da ANP para, em relação a Conteúdo Local, na falta de fornecedores locais ou na impossibilidade (ainda que parcial) dos mesmos, ao tempo de auditar ou de julgar o Conteúdo Local, considerar as circunstâncias como "extraordinárias" admitindo o caso da obrigação ter se tornado um encargo excessivo, possibilitando a sua revisão contratual, para evitar a resolução dos contratos,[30] oferecendo aos concessionários a oportunidade de modificar equitativamente as condições contratuais; ou, conceder a possibilidade de alteração do modo de executar o contrato, justamente para evitar a onerosidade excessiva,[31] ou, simplesmente, incumbir ao concessionário a obrigação de provar que é caso de força maior.

---

[29] Apud DI PIETRO, Maria Sylvia Zanella. Direito Administrativo. 2ª Edição, São Paulo, Editora Atlas, 1991. p.66.

[30] Ver art. 479 do Código Civil.

[31] Ver art. 478 do Código Civil.

Apenas para não passar em branco, já que o TCU em sua decisão retro mencionada baseou, também, a preferência do uso de bens e serviços nacionais no poder de polícia da Agência, cumpre aqui lembrar que o Poder de Polícia é ato administrativo e como tal se subordina ao ordenamento jurídico, "sujeitando-se inclusive ao *controle de legalidade* pelo Poder Judiciário".[32]

Por conta de todos os comentários, constata-se que Conteúdo Local não existe como lei formal e, a partir das resoluções da ANP se pretendeu a instituição de Conteúdo Local como norma material infralegal, mas, sem legítima origem e sem efeitos concretos diretos sobre as pessoas que se sujeitam à Agência, já que determina obrigações aos fornecedores nacionais e internacionais, que nada têm a ver com a Agência, exceto pelas disposições contratuais que possuírem com os concessionários que se veem obrigados a amarrar contratos privados com os fornecedores para tentar fechar o circuito entre Agência e fornecedores, incluindo, ainda, neste meio-campo empresas certificadoras. Ao seu tempo, a Portaria ANP 234/2003, que é a norma da ANP que abriga as condições de punibilidade dos concessionários, com vigência a partir de 2003[33], não faz qualquer referência específica à obrigação de cumprir Conteúdo Local nem pune o seu não cumprimento, sendo obrigado o interprete da norma a entender que as penalidades (possíveis) aplicáveis são advertência e multa, sem falar na possibilidade de alegação de força maior ou obrigação excessivamente onerosa. A ANP sequer deu-se ao trabalho de estabelecer uma resolução específica para penalizar infratores[34] de Conteúdo Local.

---

[32] MEIRELLES, Hely Lopes, Direito Administrativo Brasileiro, 21ª Edição, Malheiros, São Paulo, 1996, p. 114.

[33] DOU de 13.8.2003.

[34] As multas não decorrem de norma alguma. Encontram-se nos contratos com os concessionários.

Por outro lado, deve ser cuidadosa a decisão de pleitear a inexecução de parte do contrato, pois, na forma do art. 10, da Portaria ANP 234/2003, poderá ocasionar a penalidade de rescisão do contrato de concessão, no caso de descumprimento de qualquer das obrigações que não seja corrigido pelo concessionário dentro do prazo determinado pela ANP através de notificação. Se aplicada a pena, os responsáveis pela concessionária ficarão impedidos, por cinco anos, de exercer atividade de E&P.

Em síntese, se a Agência e os concessionários não chegarem a um denominador comum, o controle da legalidade das cláusulas contratuais será, ao final, exercido pelo Poder Judiciário, já que ao contrário do que se vê, por exemplo, no México ou na Noruega, o Conteúdo Local se afigura mal incorporado e mal regulado no universo brasileiro das licitações de E&P.

"Nossas dúvidas são traidoras e nos fazem perder o que, com frequência poderíamos ganhar, por simples medo de arriscar"

William Shakespeare

3
Conteúdo Local em outros países

É difícil comparar modelos que não são iguais, pois, nada se compara ao modelo brasileiro como metodologia implantada para apurar Conteúdo Local, mas, trazer o que há de "*Local Content*" no mundo pode ser interessante para fins acadêmicos. Certo é que Conteúdo Local brasileiro não é igual a nenhum outro no mundo; e suas planilhas e cartilha, ao que se sabe, foram idealizadas, no passado, para avaliar empréstimos e investimentos. Um outro diferencial é que não foi encontrado material que comprovasse – em outros países – a exigência de Conteúdo Local na fase de exploração.[35]

3.1 Conteúdo Local na Nigéria

O governo nigeriano estabeleceu como meta um percentual de 50% (cinquenta por cento) de Conteúdo Local em todos os itens, subitens e sistemas, até o final de 2007[36] e pretende que este percentual seja de 70% (setenta por cento) até o

---

[35] O racional da questão é que se a fase de exploração é uma fase essencialmente de risco, não se sabe se o investimento será recuperado e se desconhece até que tipo de hidrocarboneto pode ser encontrado, não se pode definir com segurança o tipo de tecnologia, produto, serviço ou fornecedor a ser utilizado. Daí a não necessidade de Conteúdo Local na fase de exploração.

[36] http://www.nigeria-oil-gas.com/nigerian_local_content-26-10-2-art.html acesso em 27 de agosto de 2008.

fim de 2010. Ao que se sabe esses percentuais foram idealizados, não foram objeto de estatísticas ou estudos.

Todos os operadores e promotores de projetos em E&P têm que prover itens de *procurement* (aquisições de bens e serviços) até o dia 31 de janeiro de cada ano. Os operadores e promotores de projetos em E&P também têm que apresentar o que chamam de um Plano Mestre de *Procurement* (MPP) para projetos contínuos e aprovados. Estes devem ser submetidos ao Nigerian Content Division (NCD) da Nigerian National Petroleum Corporation (NNPC) até, ou antes, de 31 de janeiro de cada ano.

Os nigerianos exigem a fabricação e integração de todas as plataformas fixas (*onshore* e *offshore*) que pesam até 10.000 (dez mil) toneladas realizadas na Nigéria. Para as plataformas fixas (*onshore* e *offshore*) que forem maiores que 10.000 (dez mil) toneladas, os nigerianos exigem que alguns itens também sejam fabricados ou integrados na Nigéria. Todas as plataformas do tipo FPSO (*Floating Production, Storage and Offloading*) devem ser licitadas para a realização na Nigéria; e ainda definem que no mínimo de 50% (cinquenta por cento) da tonelagem total de cada FPSO deve ser fabricado na Nigéria.

A Nigéria define determinados itens e exige que a fabricação de todos os *piles*, *decks*, âncoras, bóias, jaquetas, *pipe racks*, pontes, *flow-lines* e *risers*, todas as válvulas de *Subsea*, Árvores de Natal, *wellheads*, testes de integração de sistemas *flare booms* e tanques de armazenamento incluindo trabalhos de galvanização para LNG; e muitos outros itens devem ser realizados por lá.

De forma sensata, os casos especiais devem ser demonstrados e devem ser aprovados pela Divisão de Conteúdo Local Nigeriano, a NCD.[37]

É necessário e fundamental consignar que na Nigéria o caso é de utopia, porque a toda hora os Planos Mestre viram "casos especiais" e esses percentuais não são cumpridos.

---

[37] *Nigerian Content Division*

Na verdade, o mundo todo sofre hoje para construir Rigs[38] e FPSOs, mas, como a Nigéria não é um país perfeito; e, aliás, o seu IDH (índice de Desenvolvimento Humano) ocupa 158º, considerada como um dos países mais pobres do mundo, apesar de possuir uma enorme reserva petrolífera, os altos índices de desvio de verba e corrupção impedem a melhor distribuição de renda, infra-estrura e melhoria da capacidade econômica, segundo a ONG[39] que mede os níveis de corrupção na maioria dos países. Não fosse esse histórico[40] por lá, a ideia da criação de uma divisão exclusiva para avaliar Conteúdo Local, caso a caso, é excelente.

Afora tudo isso, é sensato o fato da Nigéria estabelecer um Conteúdo Local em um percentual fixo global para todos os itens e sistemas. É melhor e mais simples do que critérios aleatórios e complexos.

3.2 Conteúdo Local no México

A atividade de *Oil & Gas* no México é feita por uma NOC[41], ou seja, pelo próprio Estado, através da estatal Petróleos Mexicanos – PEMEX. É importante ressaltar que o México é um dos poucos países no mundo[42] que praticam o contrato de

---

[38] Termo usual na Indústria que normalmente significa sonda de perfuração de poços de petróleo, também designadas por "*offshore installations*" ou "drilling rig"

[39] *Transparency International* (Transparência Internacional).

[40] Cabe lembrar, neste momento conturbado que vive a indústria de E&P no Brasil, com a interferência política para a alteração do marco regulatório, que a Nigéria vive um ambiente de "casos especiais". É esse o mesmo ambiente que abriga os contratos de Partilha da Produção por lá.

[41] NOC – National Oil Company

[42] Segundo a *CWC School for Energy*, no curso "*International Petroleum Joint Ventures: Strategy, Negotiation & Management*", realizado em Houston, Texas em Março de 2009, slide 93, só existem quatro (4) países no mundo praticando atualmente contratos de serviços. Apenas para fins didáticos, a CWC indica que 60 usam Contratos de Concessão, 41 usam o PSA, 20 têm a forma de Joint Ventures (entidades legais ou simplesmente con-

serviços, ao invés do regime de *license* (concessão), *joint ventures*, partilha da produção ou contratos híbridos (misto dos vários tipos). Na verdade, há quem diga que não é contrato de serviços, e sim, "subcontratação". No México o Conteúdo Local é conhecido como "*Contenido Nacional*".

Até pouco tempo atrás vigorava a *Ley de Obras Públicas y Servicios*. Em 28 de novembro de 2008 foi publicada a *Ley de Petroleos Mexicanos*, que passou a tratar especificamente sobre o tema. O Conteúdo Local está descrito de forma abrangente, no inciso X, do artigo 53 da Lei do Petróleo mexicana e suas regras se submetem ao Conselho de Administração da PEMEX, que escuta as propostas de desenvolvimento e de investigação tecnológica, vindas do comitê de mesmo nome, na forma do artigo 30,[43] do mesmo ordenamento.

Vejamos o que diz o art. 53:

> "Artículo 53. – En términos del artículo 134 constitucional, las disposiciones administrativas que emita el Consejo de Administración de Petróleos Mexicanos en materia de adquisiciones, arrendamientos, contratación de servicios y obras a que se

---

tratuais, como os consórcios no Brasil, nos termos da Lei das Sociedades Anônimas) e 16 outros países utilizam um modelo hibrido entre os demais tipos contratuais.

[43] MÉXICO, artigo 30 da *Ley de Petroleos Mexicanos* - "Artículo 30.- El Comité de Desarrollo e Investigación Tecnológica tendrá por objeto proponer al Consejo de Administración acciones de investigación y desarrollo de tecnología en los distintos campos propios y relacionados con las actividades de la industria petrolera.
Este Comité considerará las propuestas de las instituciones de educación superior y de investigación científica y tecnológica y de la comunidad científica en general, para incorporar innovaciones en Petróleos Mexicanos y sus organismos subsidiarios.
El Comité podrá invitar, en forma honorífica, a participar en sus sesiones, con voz pero sin voto, a representantes de las instituciones de educación superior y de investigación científica y tecnológica."

refiere el artículo 52[44] de esta Ley, deberán publicarse en el Diario Oficial de la Federación y observar las siguientes bases:

(...)

X – En los procedimientos de contratación, Petróleos Mexicanos y sus organismos subsidiarios deberán requerir porcentajes mínimos de contenido nacional para permitir la participación en los mismos, así como establecer preferencias en la calificación y selección, a favor de las propuestas que empleen recursos humanos, bienes o servicios de procedencia nacional, de conformidad con los lineamientos que emita el Consejo de Administración.

Lo anterior, siempre y cuando exista suficiencia sobre el aprovisionamiento de los insumos por parte del mercado local y no se afecten las mejores condiciones en cuanto a precio, calidad, financiamiento, oportunidad y demás circunstancias pertinentes.

Petróleos Mexicanos y sus organismos subsidiarios deberán hacer efectivas las reservas y porcentajes para el sector energético previstas en los tratados celebrados por el Estado mexicano.

---

[44] MÉXICO, artigo 52 da *Ley de Petroleos Mexicanos* - "Artículo 52 - La Ley de Adquisiciones, Arrendamientos y Servicios del Sector Público y la Ley de Obras Públicas y Servicios Relacionados con las Mismas, así como sus reglamentos y disposiciones que deriven de esos ordenamientos, se aplicarán en sus términos, según corresponda, para las adquisiciones, arrendamientos, obras y servicios que no formen parte de las actividades sustantivas de carácter productivo a que se refieren los artículos 3o. y 4o. de la Ley Reglamentaria del Artículo 27 Constitucional en el Ramo del Petróleo, así como de la petroquímica distinta de la básica."

En las licitaciones nacionales, Petróleos Mexicanos y sus organismos subsidiarios deberán adjudicar, en igualdad de circunstancias, a favor de las pequeñas y medianas empresas, con el propósito de fomentar su desarrollo y participación;"

Para conhecer como o México pratica os percentuais de conteúdo local é importante destacar que o país participa da NAFTA[45]; e segundo o artigo 55[46] da sua Lei do Petróleo, nas licitações públicas no ramo do petróleo se levará em conta os requerimentos sobre Conteúdo Local nas aquisições de serviços e obras, respeitando os tratados internacionais."

Segundo o NAFTA, na forma do anexo 1001.2B, lista para o México, item 6, temos os seguintes percentuais:

"*6 – No obstante otras disposiciones de este capítulo, una entidad podrá imponer un requisito de contenido local de no mês de:*

---

[45] NAFTA ou "ALCA" significa North American Free Trade Agreement, ou seja, um tratado de livre comércio entre os países signatários (Estados Unidos, Canadá e México), em vigor desde 1º de janeiro de 1994. O acordo, regra geral, faz com que Estados Unidos e Canadá fixem fábricas no México. Assim, gera emprego no México e diminui a imigração ilegal. Por outro lado os Estados Unidos e o Canadá ficam com boa parte da produção mexicana de petróleo.

[46] MÉXICO, artigo 55 da *Ley de Petroleos Mexicanos* – "Artículo 55.- En las licitaciones públicas de las actividades sustantivas de carácter productivo a que se refieren los artículos 3o. y 4o. de la Ley Reglamentaria del Artículo 27 Constitucional en el Ramo del Petróleo, así como de la petroquímica distinta de la básica, se tomará en cuenta al menos lo siguiente: (…) III. En las bases de licitación se incluirán, entre otros aspectos: (…) g) Los requerimientos sobre la incorporación de contenido nacional en las adquisiciones, servicios y obras, respetando lo que establezcan los tratados internacionales en la materia y de conformidad con las disposiciones que a este respecto emita el Consejo de Administración,"

> a) *40 por ciento para proyectos "llave en mano" o proyectos integrados mayores, intensivos en mano de obra; o*
> b) *25 por ciento para proyectos "llave en mano" o proyectos integrados mayores, intensivos en capital."*

Ou seja, o conteúdo local no México é – MUITO SIMPLES - medido por mês. Se o projeto tem intensiva mão-de-obra o conteúdo local mínimo é de 40%; e se o projeto requer intensivo capital o conteúdo local mínimo é de 25%. Tão importante quanto a simplicidade mexicana é que Conteúdo Local está incorporado na Legislação petrolífera, tornando-se um instrumento legal e não mera obrigação contratual.

3.3 Conteúdo Local na Noruega

Na Noruega não mais existe Conteúdo Local. Existia. Historicamente, o "conteúdo local" era um critério colocado com ênfase pelas autoridades de petróleo norueguesas, seja formal ou informalmente. Nos anos 80 esse era realmente o cenário que se apresentava, como forma de intervenção direta do Estado nos maiores contratos de petróleo. Naquela época o MPE (*Ministry of Petroleum and Energy*) publicou uma seção para bens e serviços com a tarefa de assegurar *"full and fair opportunities" for Norwegian goods and services*. O Conteúdo Local foi reconhecido legalmente e no contexto regulador tinha como meta o esforço para o desenvolvimento dos campos de produção.

Com o tempo o Conteúdo Local foi ficando menos formal, mas, frequentemente, ocorria, ao menos, uma sugestão sutil para que as companhias/operadores utilizassem percentuais de Conteúdo Local, sob pena de serem penalizadas em futuras rodadas de concessão (*license rounds*). Todavia, depois que a Noruega entrou na EEA[47] (*European Economic Area*

---

[47] Entrou em vigor a partir de 01 de janeiro de 1994.

Agreement) o ordenamento legal interno foi alterado para abrigar o princípio da não-discriminação[48], que visa, entre outras coisas, evitar a discriminação de nacionalidade para ofertas de trabalho.

Os atuais e relevantes regulamentos de compras na Noruega são *the Act on Public Procurement of July 16 1999 no. 69* e *the Regulations on Public Procurement in the Utility sector of April 7 2006 no. 403*. De acordo com o *Act on Public Procurement*, em seu artigo 5, toda "aquisição" será fundada em um princípio de tratamento igual e não-discriminação.

A legislação de Petróleo e o sistema regulatório têm sido adaptado para contemplar as regras da Comunidade Européia. O *Petroleum Act,* artigo 4-2; e artigos 22 e 22a do *Petroleum Regulations* exigem que o Operador submeta suas informações técnicas e econômicas muito bem detalhadas junto com um PDO (*plan for development and operation*). Entretanto, as informações sobre contratantes futuros e os fornecedores, especificamente, são barradas pelo artigo 80[49] do *Petroleum Regulations*.

Portanto, como se vê, o uso de regras de Conteúdo Local na Noruega feria os acordos internacionais, especialmente, no que se refere à igualdade e à não-discriminação. Por outro lado, é prudente lembrar que a Noruega já há algum tempo é um mercado maduro, em termos de fornecimento de bens e

---

[48] O princípio de não-discriminação tem como pilar o tratamento igual aos indivíduos ou aos grupos independente das características particulares de cada um deles (indivíduos ou grupos). É um critério de neutralidade para evitar produzir efeitos que prejudicam pessoas/grupos diferentes. O princípio da não-discriminação foi estipulado no artigo 21 da 2000 Charter of Fundamental Rights of the European Union (Escritura de Direitos Fundamentais da União européia de 2000). É especialmente usado para evitar discriminação de nacionalidade e para pagamento de salários ou honorários iguais para trabalhadoras e trabalhadores em trabalhos iguais.

[49] O artigo 80 do *Petroleum Regulations* foi emendado em 2002 para clarificar que as autoridades de petróleo são proibidas de pedir aos Operadores (*Operators/licensees*) para submeter informação relativa aos contratantes futuros e fornecedores ou "conteúdo local".

serviços. Desta forma, sob o prisma de Conteúdo Local, não se pode comparar o modelo norueguês com o brasileiro.

Mas, digamos que, apenas para fins comparativos e amor ao debate acadêmico, tenhamos que determinar os percentuais de conteúdo local na Noruega. Então, voltando no tempo, segundo Per Hagen,[50] num *Workshop* promovido em 18 e 19 de Abril de 2001, em Abuja, na Nigéria, temos a experiência norueguesa:

> "O Ministério de Petróleo e Energia através do Decreto Real de 1972 estabeleceu determinar as aquisições de Bens e Serviços das companhias de petróleo, em grande parte com o seguinte procedimento:
>
> 1. Os operadores de campos em desenvolvimento terão que apresentar ao Ministério um plano para todas as licitações acima de USD150.000.
>
> 2. Antes do edital o Operador tem que preencher um formulário (A1) fornecendo a programação de licitação e o nome das companhias a serem convidadas. O papel do Ministério será assegurar que as companhias norueguesas qualificadas foram incluídas na lista de convidados ..."[51]

Na verdade, grosso modo, o conteúdo local norueguês era calculado como um valor agregado na Noruega, ou em homens-hora ou em valores monetários.

---

[50] Diretor Regional da INTSOK para México, Nigéria, Malásia, Indonésia e Singapura.

[51] National Workshop: Improvement of local content and indigenous participation in the upstream sector of the petroleum industry:Norway's experience. Hotel Hilton, Abuja (Nigeria), 18-19 April, 2001, pages 08-10. Tradução livre do autor desta obra.

Exemplo de Conteúdo norueguês:

Snorre B - que é uma unidade flutuante de perfuração e produção, quase terminada. Um número total de 10 milhões de homens-hora foi usado para terminar a plataforma. Segue abaixo a avaliação do conteúdo local:

Tipo de Trabalho	Conteúdo Norueguês	Método de medição
Aquisições (bens e serviços)	65%	Custo
Engenharia	90%	Homem hora
Fabricação	50%	Homem hora

Como se pode concluir, o Conteúdo Local na Noruega não é mais exigido tendo em vista o princípio da não-discriminação imposto aos países da comunidade européia que participam do acordo econômico, mas, se assim o fosse poderia ser medido pelos planos de aquisições, programação de licitações e lista das empresas locais convidadas para participar das licitações internas dessas companhias. Os percentuais alcançados eram da ordem de 65% nas aquisições de bens e serviços e de 50% de homens-hora na fabricação de equipamentos no país. E estamos falando de um país com um mercado estabilizado de fornecedores, em condições de competir com preço, prazo e qualidade comparáveis aos produtos de outros países. O que se conclui, ainda, que o método de aferição do Conteúdo Local não passava por itens, subitens ou planilhas. E mais, assim como no México, Conteúdo Local foi estipulado na Noruega por atos legislativos.

3.4 Conteúdo Local na Indonésia

A Indonésia é um país produtor de petróleo e gás desde 1890. A indústria do petróleo era guiada por companhias internacionais até meados do século XX, quando foi introduzida a

NOC Pertamina e passaram os indonésios a adotar os contratos PSCs (*Production Sharing Contracts*), ou seja, contratos de partilha da produção. A Indonésia tem a maioria de seus campos produtores em terra e é a maior exportadora de LNG do mundo. Segundo um estudo produzido pela Agência Norueguesa em cooperação com os governos da Noruega e Nigéria, em 2003, gerando o Relatório *SNF Report n° 25/03*, que diz que o Conteúdo Local na Indonésia é da ordem de 25% com o objetivo de chegar a 35%. Vejamos o que diz a parte final do item 4.2 do citado relatório:

> "Local Content in the upstream industry is about 25 percent. There is a target of 35 percent in the PSCs, but if local suppliers cannot meet the quality standards in the a competitive manner, imports are allowed. Local suppliers are defined as suppliers producing in Indonesia, regardless of ownership of the company. Indonesia's main oil production is onshore, but new fields are increasingly located offshore. Indonesia has managed to maintain a reasonably stable macroeconomic environment including a competitive exchange rate as well as cost of labor and other industrials inputs. Consequently, the country has experienced a rapidly increasing non-oil industrial sector, rapid employment generation and rapid economic growth." [52]

Como se pode notar, na Indonésia os percentuais globais são fixos, logo, simples.

---

[52] *SNF, RF & K&A. Enhancement of Local Content in the Upstream Oil and Gas Industry in Nigeria: A Comprehensive and Viable policy Approach, Bergen/Stavanger/Lagos, 2003, SNF Report n° 25/03, Item 4.2, p.15*

"A vitalidade se revela não apenas na capacidade de persistir, mas também na de começar tudo de novo"

Francis Scott Fitzgerald

4
Os ciclos de E&P e o Conteúdo Local, até a flexibilização do Monopólio

O ciclo da exploração e produção de petróleo no Brasil é dividido em quatro partes, onde se verifica intensas transformações. Podemos dizer que o primeiro período é aquele que se deu desde os primeiros aventureiros, com as primeiras tentativas em 1858 até a primeira descoberta de petróleo no campo de Lobato na Bahia em 21 de janeiro de 1939. O segundo período vai desde a revelação de petróleo em Lobato até a criação da Petrobras em 1953/1954. O terceiro período é o do exercício do monopólio da exploração e produção de petróleo no Brasil exclusivamente efetuado pela Petrobras e o quarto e último período é aquele onde a flexibilização do monopólio ocorreu. Vejamos o esboço a seguir:

Ciclos	Primeiro	Segundo	Terceiro	Quarto
Descrição	Primeiras tentativas	Primeiras descobertas	Atividades solo da Petrobras	Flexibilização do Monopólio
Período	1858 a 1938	1939 - 1953	1954 - 1998	1999 em diante

O **primeiro ciclo** pode-se chamar de "aventureiro" ou "romântico", pois, a falta de estudos e de tecnologia fazia com que os aventureiros do petróleo trabalhassem com o "achismo". Em termos positivistas, o Marquês de Olinda assinou[53] o Decreto n.º 2266, de 1858 concedendo a José Barros Pimentel o direito de usar querosene como iluminante pelo mineral betuminoso que encontrasse. Nasce assim, a primeira "autorização" para o exercício da atividade de exploração e produção de petróleo no Brasil.

Tudo era muito custoso e às expensas daquele que queria arriscar e localizar o mineral betuminoso.

Com a Grande Guerra[54] a escassez de combustível era tremenda e também não havia recursos técnicos e financeiros. Assim, entre 1918 a 1933 se perfurou 63 poços entre o Pará e o Rio Grande do Sul. A esta altura o Serviço Geológico e Mineralógico do Brasil já se chamava Departamento Nacional de Produção Mineral – DNPM, que, em 1939, perfurou o campo de Lobato.[55] Um ano antes, mesmo sem ter produzido qualquer gota de petróleo, o Governo havia criado o CNP – Conselho Nacional do Petróleo, para participar do Parque Refinador brasileiro, que era uma exclusividade de empresas brasileiras. Na verdade, a Constituição Federal de 1934 retirou o subsolo da propriedade do particular passando a ser bem da União; e na reforma de 1937 a Constituição Federal retirou o direito das companhias estrangeiras de exercerem as atividades de mineração. A soma de todos esses atos afugentou o investimento externo.

Com a descoberta em Lobato iniciava-se o **segundo ciclo.** Mesmo sendo um campo economicamente não viável, Lobato foi de fundamental importância para que o país concentrasse seus esforços no Recôncavo baiano, resultando, em 1941, na descoberta do Campo produtivo de Candeias.

Mais uma vez o mundo enfrentava uma nova guerra, de proporções maiores, a segunda guerra mundial,[56] onde ha-

---

[53] Com a permissão do Imperador brasileiro.
[54] 1914 a 1918
[55] Poço DNPM-163
[56] 1939 a 1945

via um grande racionamento de combustíveis e, pode-se dizer nenhum investimento privado na área de exploração e produção. Por óbvio, a guerra provocou instintos nacionalistas, movimentos populares e políticos em muitos segmentos da economia. O que fez com que o Estado brasileiro, através da lei nº 2.004/53 criasse a Petrobras para o exercício do Monopólio da atividade econômica de exploração e produção de petróleo, marcando o fim do segundo ciclo e iniciando-se o **terceiro ciclo**. "Os trabalhos de exploração, até então a cargo do CNP, foram assumidos pela PETROBRAS em fins do primeiro semestre de 1954. De julho de 1954 a 1975, a PETROBRAS perfurou um total de 4.032 poços sendo 997 pioneiros, 751 de outras categorias de poços exploratórios, 1.995 de desenvolvimento de campos de petróleo, 198 para injeção de campos e 91 poços especiais (produção de água, estruturais, rasos, etc.)".[57]

O grande movimento em direção à produção, no mundo fático, ocorreu com a descoberta da Bacia de Campos, no Rio de Janeiro, em 1974, com a perfuração do poço 1-RJS-9ª, que deu origem ao campo de Garoupa. Nos anos 80 a Petrobras entrou numa nova fase, até outro grande movimento em direção às grandes descobertas, com o primeiro campo gigante em águas profundas, em 1984, o campo de Albacora, também na bacia de Campos. A esta altura o país já ultrapassa a marca de 500.000 (quinhentos mil) barris de óleo por dia e produzia, em volume, metade do que consumia.

Em 1986 foi criado o Programa de Inovação Tecnológica e Desenvolvimento Avançado em Águas Profundas e ultra profundas, que, até a presente data, busca viabilizar a produção de óleo e gás em águas ultra profundas. Infelizmente, os preços do petróleo nesta época não eram atrativos aos investimentos[58].

Os anos 90 foram marcados por melhores ofertas e descobrimento de novas tecnologias. O Brasil, em 1997 superava

---

[57] O petróleo e a Petrobrás. Trabalho editado em 1976 pelo Serviço de Relações Públicas – SERPUB, pág. 31.

[58] Preço entre 15 a 18 dólares por barril.

a marca de produção de 1.000.000 (um milhão) de barris diários de petróleo[59], mas, isso, em volumes, significava, ainda, pouco mais de 50% do petróleo que era efetivamente consumido internamento pelo brasileiro.

Depois da flexibilização[60] do monopólio, com a edição da Lei do Petróleo (L. 9.478/97), inicia-se o **quarto ciclo** da exploração e produção de petróleo no Brasil, com a possibilidade das empresas internacionais, nacionais e estatais disputarem entre si a concessão das atividades de exploração e produção de óleo e gás, na forma de concessão da atividade econômica exercida pela União, já que se trata de Monopólio[61], que até então era executada exclusivamente pela Petrobras.

Os números falam por si. O processo de flexibilização só fez bem ao Brasil e à Petrobras. A considerar a auto-suficiência em volume alcançada, pode se ter uma ideia do quanto a Petrobras cresceu e se desenvolveu, a partir da concorrência estabelecida no quarto ciclo.

Dependendo das estratégias políticas, dependendo do preço do petróleo e dependendo do resultado das descobertas atuais é possível que surja no Brasil um "quinto ciclo", com a reforma da Lei do Petróleo e da própria Constituição Federal, para abrigar os contratos de partilha da produção ou para abrigar uma nova NOC brasileira.

A pesquisa sobre o presente tema é muito árdua e foi muito difícil conseguir, para esta obra, declarações e informa-

---

[59] Em agosto de 1998 a Petrobras produzia 1.021.400 barris/dia.

[60] Expressão utilizada pela indústria, tendo em vista que o Monopólio continua a ser exercido pela União, na forma do artigo 177 da CF, todavia, trata-se de um monopólio de escolha do poder concedente, que pode optar por conceder a uma empresa, ou para empresas privadas ou estatais o direito de exercer a atividade econômica (pesquisa e a lavra das jazidas de petróleo e gás natural e outros hidrocarbonetos fluidos), instituído pela EC nº 09/95 e operacionalizado pela Lei do Petróleo..

[61] BRASIL, Constituição Federal, artigo 177.

ções de fornecedores de bens e serviços no Brasil. O comportamento *low profile* da indústria impede que se tenha informações precisas sobre o desenvolvimento da indústria nacional, especificamente, na atividade petrolífera. Assim, destaco, do pouco recebido, que a SCHULUMBERGER[62] chegou ao Brasil em dezembro de 1945, para traçar o primeiro perfil elétrico de um poço na Bahia, no Campo de Candeias. Sessenta anos depois, em 2005, já contava com 1.078 empregados, 10 escritórios e dividindo seus negócios locais em seis segmentos de mercado: *data management*, exploração sísmica, perfuração de poços de drenagem, estudos da extensão do poço, cimentação e completação de poços. Por sua vez, A FMC Technologies CBV[63] iniciou suas atividades como qualquer empresa brasileira iniciante e não sabedora de seu futuro. Começou em fins de 1956, como a Mecânica CBV Ltda. e já em 1961 fez a aliança com a FMC Corporation. Em 1998, finalmente, se tornaram uma só empresa. Bem, a Mecânica CBV nasceu dois anos após a estréia da Petrobras, mas, começou, na verdade, torneando engrenagens para a Fábrica Nacional de Motores - FNM (atual Fiat). Hoje a FMC Technologies CBV produz e instala árvores de natal molhadas, sistemas de completação, entre outros equipamentos de petróleo.

Demonstrar como e quanto o Conteúdo Local era tratado antes, sem perder a confidencialidade que envolve as empresas e a Petrobras é muito difícil. Mas, para não deixar de citar exemplos, destaca-se o comentário de Roberto Minadeo no seu livro "Petróleo: A maior indústria do Mundo"[64], no sub-título que trata do histórico das atividades de E&P, ao narrar sobre a história da Petrobras, menciona o seguinte:

---

[62] SCHULUMBERGER, 60 anos no Brasil. Elaine Cerqueira. Desiderata Editora, RJ, 2005.

[63] FMC Technologies CBV, 1956 – 2006: 50 anos no Brasil, Maio Gráfica, 2006.

[64] Thex Editora, Rio de Janeiro, 2002, página 133.

"2/6/1998. Coloca em produção o poço 4-RJS-477A, em lâmina d'água de 1.109 metros, com duas inovações tecnológicas:
Cabo Elétrico, que opera a dez mil volts (desenvolvido pela Pirelli, no Brasil).
Transformador submerso para reduzir a tensão de dez mil a 3,8 mil volts (desenvolvido pela Siemens do Brasil)."

Antes de 1999, o desenvolvimento de novas tecnologias locais dependia dos contratos entre a Petrobras e fornecedores. Exceto pelo próprio desenvolvimento interno da própria empresa, o mercado local já estava todo comprometido com a Petrobras; e, ao mesmo tempo muito desconfiado se a abertura às demais empresas privadas iria realmente sair do papel ou não. O crescimento da indústria local – afora as crises mundiais e o preço do petróleo – dependeria de contratos locais com os novos *players*, com a capacidade instalada dos fornecedores, com os preços praticados (e isso envolveria também tributos e incentivos), com a qualidade e, especialmente, com o prazo de entrega. Passado mais de doze anos sabe-se que o mercado cresceu, as empresas nacionais cresceram e se multiplicaram, mas, não está nem perto de servir a todos os concessionários locais nem ao próprio mercado internacional de petróleo. Em 2009, o que mais está freando o fomento ao desenvolvimento brasileiro é a crise mundial,[65] além da tradicional forte carga tributária e a indisponibilidade de oferta de empréstimos de Longo Prazo. Faltam, também, políticas públicas. Estas, estão fora da alçada da ANP.

---

[65] Que já dá sinais de enfraquecimento e revigoramento da economia mundial.

"A Constituição é de todos e de ninguém, porque é da Nação, que não tem patrão e não é dona de seus filhos, mas os ampara com suas amplas asas".
Ulysses Guimarães

5
Evolução do Modelo Brasileiro, fatos jurídicos e regulatórios

Quase dois anos depois após a promulgação, em 1995, das Emendas Constitucionais – EC nº 6, de 15/08/1995 e EC nº 9, de 09/11/95 foi promulgada a Lei nº 9.478, de 06 de agosto de 1997. É a partir da Lei do Petróleo, suas alterações e sobre alguns fatos históricos e reguladores posteriores que apresentamos este capítulo.

5.1 A regulamentação da indústria, a partir da Lei do Petróleo

A Lei nº 9.478 de 06 de agosto de 1997, a chamada "Lei do Petróleo", dispõe sobre a política energética nacional, as atividades relativas ao monopólio do petróleo, institui o Conselho Nacional de Política Energética e a Agência Nacional do Petróleo. Como principais tópicos trazidos pela Lei do Petróleo, temos:

- Define princípios e objetivos da política energética nacional para o aproveitamento racional das fontes de energia;

- Cria o Conselho Nacional de Política Energética _ CNPE, vinculado à Presidência da República e presidido pelo Ministro de Estado de Minas e Energia;
- Reitera a Titularidade e o Monopólio do Petróleo e do Gás Natural da União, estabelecidos na Constituição Federal;
- Cria definições técnicas (sem definir conteúdo local);
- Cria a Agência Nacional do Petróleo, Gás Natural e Biocombustíveis – ANP e define sua estrutura;
- Define questões básicas de Exploração e Produção de hidrocarbonetos e cria regras para o período transitório de exclusividade que era exercida pela Petrobras;
- Define as participações governamentais, como forma de arrecadação específica do setor;
- Trata do Refino de Petróleo e do Processamento de Gás Natural, sem entrar muito em questões específicos do gás;
- Cuida do Transporte de Petróleo, seus Derivados e Gás Natural, especialmente, promovendo as autorizações e ratificando a titularidade e direitos sobre transporte;
- Trata da atividade de importação e exportação de petróleo e seus derivados, de gás natural e condensado e define que a atividade estará subordinada às diretrizes do CNPE;
- Cria um capítulo específico para a Petrobras, reafirmando sua natureza societária como sociedade de economia mista vinculada ao Ministério de Minas e Energia, definindo que as atividades econômicas dela serão exercidas em caráter de livre competição com outras empresas, em função das condições de mercado, observados o período de transição; autoriza a empresa a exercer, fora do território nacional, qualquer uma das atividades integrantes de seu objeto social e define que a União manterá o seu controle acionário com a propriedade e posse de, no mínimo, cinquenta

por cento das ações, mais uma ação, do capital votante; e entre outras normas autoriza a formar consórcios com empresas nacionais ou estrangeiras, na condição ou não de empresa líder, autorizando-a, ainda, constituir subsidiárias, as quais poderão associar-se a outras empresas, tudo objetivando expandir atividades, reunir tecnologias e ampliar investimentos aplicados à indústria do petróleo;
- Determina outras disposições, especialmente, em caráter provisório, notadamente o período de transição, que se estendeu até o dia 31 de dezembro de 2001.

Em 2000 veio a primeira alteração[66]. Na verdade, não era propriamente uma alteração, e sim, uma prorrogação do período de transição previsto na lei, prorrogando-o, no máximo, até o dia 31 de dezembro de 2001 (art. 69). [67]

Em 2004, para atualizar o texto em relação à comercialização de energia elétrica, alterou os artigos 2º,VI e 50, § 2º, I, da Lei do Petróleo, sugerindo a adoção de medidas necessárias para garantir o atendimento à demanda nacional de energia elétrica (art. 2º VI) e redistribuindo, internamente, a participação especial dirigida ao Ministério de Minas e Energia (50, § 2º, I).

Em 2005, devido à introdução do biodiesel na matriz energética brasileira, foi publicada a Lei nº 11.097 de 13 de janeiro de 2005 (DOU de 14.01.2005), para abrigá-lo às políticas energéticas e à Lei do Petróleo.

Em 2007, ao tratar do FNDCT – Fundo Nacional de Desenvolvimento Científico e Tecnológico[68] alterou o parágrafo primeiro do artigo 49, que trata dos recursos dos *royalties* destinados ao Ministério da Ciência e Tecnologia.

---

[66] BRASIL, Lei Nº 9.990, de 21 de julho de 2000. DOU de 24.07.2001
[67] No texto anterior o período de transição era de trinta e seis meses.
[68] BRASIL. Lei nº 11.540, de 12 de novembro de 2007 (DOU de 13.11.2007)

A Lei do Petróleo, realmente, incrementou o setor. Ela só pecava em seu texto original por colocar no mesmo "cesto" o conceito de Petróleo e o de Gás Natural, tendo em vista que nada falava especificamente sobre o Gás Natural, o que acabava impondo ao legislativo a tentativa de alteração no marco regulatório.

Finalmente, em 04 de março de 2009, foi divulgada a Lei do Gás, Lei 11.909 de 2009[69] que dispõe sobre as atividades relativas ao transporte de gás natural, bem como sobre as atividades de tratamento, processamento, estocagem, liquefação, regaseificação e comercialização de gás natural, trazendo, como novo, o seguinte:

- Algumas novas definições (art. 2º);
- Disposições sobre os novos gasodutos, trouxe o regime de Concessão, como regra geral; e o de Autorização, para casos especiais (Art. 3º). [70]
- Trata do direito de acesso a dutos. Estabelece período onde não existe obrigatoriedade de se permitir acesso de outro agente;
- Atribui ao MME, ouvida a ANP, fixar o período de exclusividade dos carregadores iniciais;
- Na Concessão esse período de acesso é estabelecido na licitação /contrato de concessão
- Cuida do direito de acesso, estabelecendo regras para capacidade disponível e capacidade ociosa.
- Atribui à ANP estabelecer as tarifas de transporte da concessão, a partir do resultado do processo de licitação;
- Fixa que para os dutos autorizados a tarifa será proposta pelo transportador e aprovada pela ANP;
- Define o prazo de 30 anos (renováveis ou prorrogáveis por mais 30) para concessões e autorizações;

---

[69] DOU de 5.3.2009.

[70] A Autorização serve aos gasodutos que envolvem acordos internacionais e a Concessão aos gasodutos de interesse geral.

- Determina algumas atribuições do MME;
- Atribui à ANP a promoção de editais para ampliações dos gasodutos existentes;
- Descreve regras para autorizar ao consumidor livre, o autoprodutor ou o auto-importador construir instalações e dutos para o seu uso.

Apesar de tratar de assunto não afeto ao nosso tema central, deve-se consignar que a lei do gás ainda não foi regulamentada.

Por fim, até aqui, foi promulgada a Lei nº 11.921, de 13 de abril de 2009 (DOU de 14.04.2009) incorporando, na Lei do Petróleo, o conceito de "Indústria Petroquímica de Primeira e Segunda Geração"[71] (art. 6º, XXVI); e alterando o inciso I, letra d, do artigo 49 que trata dos recursos dos *royalties* destinados ao Ministério da Ciência e Tecnologia.

5.2 Fatos históricos e instabilidades

É prudente lembrar que o que faz uma empresa (nacional ou internacional) tomar a decisão de investir em um país chama-se: ATRATIVIDADE.

A Atratividade de um investimento em petróleo está baseada em três vértices, a saber:

a) regime regulatório;
b) regime fiscal; e
c) aspectos geológicos.

Resumidamente, o regime regulatório preza pela segurança jurídica e independência dos tribunais locais, possibilitando, inclusive, arbitragem. O regime fiscal é pautado em estabilidades tributárias, com alguma possibilidade de retorno

---

[71] Conjunto de indústrias que fornecem produtos petroquímicos básicos, a exemplo do eteno, do propeno e de resinas termoplásticas.

financeiro para o investidor, após a tributação estabelecida; e, o mais importante, é o aspecto geológico, porque se não há petróleo ou gás na região, não há porque se hospedar num país ou falar de regulação ou tributação.

De olho no regime regulatório brasileiro nós temos como fatos históricos, no segmento do petróleo, a partir da flexibilização[72] do monopólio o seguinte:

ANO	FATOS HISTÓRICOS
1997	Edição da Lei do Petróleo
1998	Rodada Zero de Licitações da ANP (exclusiva com a Petrobras)
1999	Rodada 1 de Licitações da ANP
2000	Rodada 2 de Licitações
2001	Rodada 3 de Licitações
2002	Rodada 4 de Licitações
2003	Rodada 5 de Licitações
2004	Rodada 6 de Licitações
2005	Rodada 7 de Licitações e 1ª Rodada para Acumulações Marginais
2006	Rodada 8 de Licitações e 2ª Rodada para Acumulações Marginais
2007	Rodada 9 de Licitações
2008	Rodada 10 de Licitações

O que tivemos durante esse anos foi uma série de acontecimentos políticos que atravancaram o nosso desenvolvimento e a capacidade de crescimento tanto dos fornecedores de serviços e mercadorias como das próprias companhias de Petróleo, inclusive a Petrobras, a OGX, a Queiroz Galvão e a Vale, que são tidas como companhias grandes e brasileiras.

Tudo ia razoavelmente muito bem até 2002. Os bravos advogados e procuradores da União tiveram muito esforço para barrar um sem número de liminares que foram interpostas desde a rodada 1 até os dias de hoje. Em 2002 veio a primei-

---
[72] BRASIL, Emendas Constitucionais 06/95 e 09/95.

ra grande pedra no sapato da segurança jurídica no Brasil, do equilíbrio regulatório e econômico contra as licitações. Numa guerra particular entre o Governo do Estado do Rio de Janeiro[73] e o Governo Federal[74], foi publicada no Rio de Janeiro a Lei do Estado do RJ nº 3.851/2002. Na indústria do Petróleo era conhecida como "Lei Valentim", também conhecida como "Lei Anti-Repetro", porque o REPETRO,[75] criado em 1999, permite, conforme o caso, a aplicação de tratamentos aduaneiros específicos, de admissão temporária de bens sem tributação de tributos federais (especialmente IPI e Imposto de Importação). Por sua ver o Convênio ICMS nº 58/99 autorizava – até pouco tempo – os Estados a conceder isenção ou redução da base de cálculo do ICMS incidente sobre bens importados sob o regime de admissão temporária. Na contra-mão disso tudo a Lei RJ nº 3.851/2002 queria fazer incidir o ICMS[76] na alíquota de 18% (dezoito por cento), na operação de admissão temporária e de importação de bens e prestação de serviços, que se iniciem no exterior, admitidos diretamente e através de portos fluminenses, e também operação, prestação e transferência interestadual das admissões temporárias e importações de bens por portos de outros Estados e que venham a ser aplicados nas instalações que venham a realizar as fases de produção de petróleo no litoral do Estado do Rio de Janeiro. Daí o nome "anti-repetro", por atentar contra o incentivo instituído pelo regime federal de admissão especial.

---

[73] Governadora Benedita da Silva

[74] Último ano do Governo Fernando Henrique Cardoso.

[75] BRASIL. Decreto nº 3.161, de 02 de setembro de 1999. Institui o regime aduaneiro especial de exportação e de importação de bens destinados às atividades de pesquisa e de lavra das jazidas de petróleo e de gás natural – REPETRO. Hoje, regulado pelo Decreto nº 6.759, de 5 de fevereiro de 2009.

[76] Imposto sobre operações relativas à circulação de mercadorias e sobre prestações de serviços de transporte interestadual, intermunicipal e de comunicação.

Para a indústria como um todo representaria um impacto de cerca de 21,25%[77] a mais no cálculo do projeto econômico[78] de qualquer bloco explorado pelo concessionário no Brasil.

O Governo carioca simplesmente esqueceu-se do valor da Lei Complementar 24/75, do Convênio 58/99 ratificado pelo Estado e, por óbvio do caráter impositivo e vinculante (aos signatários) do Convênio 58/99. Não só isso, ainda que se entenda que há uma circulação de mercadoria, essa circulação é temporal. Logo, por não haver a transferência jurídica, ou seja, por não haver a transferência da propriedade não poderia haver a incidência de ICMS nas importações temporárias. Mas, o Estado o fez. Revogou unilateralmente o benefício.

O resultado disso trouxe (e costuma trazer) um ambiente de insegurança jurídica e torna vários projetos "antieconômicos". Por direito (e não por "sorte") e por providências judiciais a BJ Services[79] impetrou um Mandado de Segurança, em 2003, conseguiu uma liminar evitando o pagamento de ICMS na operação de importação temporária e, posteriormente, em 2005, o TJ/RJ declarou a inconstitucionalidade da Lei 3.851, de 2002. Em 2007, ainda em sede estadual, o TJ/RJ no processo RJ 2005.017.00004, no Órgão Especial, relator Desembargador Motta Moraes, publicado em 25 de outubro de 2007 declarou a seguinte ementa:

> "Embargos de Declaração opostos contra decisão que declarou a inconstitucionalidade da Lei Estadual nº 3851/02. Inexistência da alegada omissão. Se a lei estadual que revogava benefício instituído no convênio 58/99 foi declarada inconstitucional, é evidente que o convênio continua em

---

[77] Percentual que representa o valor da alíquota do imposto incluindo ela mesma.

[78] Os projetos econômicos têm inúmeras outras variáveis em sua composição.

[79] Recentemente adquirida pela Baker Hughes.

vigor e surtindo seus devidos efeitos. Claro inconformismo do embargante a objetivar a discussão dos fundamentos da decisão. Recurso que não se presta a modificar o ato recorrido. Embargos desprovidos."

Em âmbito federal corre contra a Lei RJ nº 3.851/2002 a ADI/3171 – Ação Direta de Inconstitucionalidade que em 18 de abril de 2007 o então Governador do Estado do Rio de Janeiro juntou petição informando que a referida lei foi alterada pela Lei RJ nº 4.974/2006, para evitar seu julgamento e tentar frear a Ação de Inconstitucionalidade.

Depois do susto promovido pela "Lei Anti-Repetro" o Estado do Rio de Janeiro atacou com a "Lei do ICMS na Origem" que muitos chamam de "Lei Noel", Lei RJ nº 4.117, de 27 de junho de 2003, que institui a incidência do ICMS sobre a operação de extração de petróleo, define com o fato gerador os "Pontos de Medição da Produção"[80] e determina a base de cálculo, entre outras coisas. Ela é "objeto de uma Ação Direta de Inconstitucionalidade – ADI nº 3.019-1, no Supremo Tribunal Federal. A Lei Noel já nasceu contrariando os princípios gerais de direito, a lei especial do Petróleo e a Constituição Federal."[81]

---

[80] Pontos de Medição da Produção são aqueles pontos definidos no plano de desenvolvimento de cada campo nos termos da legislação em vigor, onde se realiza a medição volumétrica do petróleo produzido nesse campo, expressa nas unidades métricas de volume adotadas pela Agência Nacional do Petróleo – ANP e referida à condição padrão de medição, e onde o concessionário, cujas expensas ocorrer a extração, assume a propriedade do respectivo volume de produção fiscalizada, sujeitando-se ao pagamento dos tributos incidentes e das participações legais e contratuais correspondentes.

[81] QUINTANS, Luiz Cezar P. *In Pescar paga ICMS? O princípio da Lei Noel*. Boletim Jurídico, Uberaba/MG, a. 3, no 142. Disponível em: <http://www.boletimjuridico.com.br/ doutrina/texto.asp?id=804> inserido em 09/09/2005.

Destaco artigo de minha pena[82], o qual comento sobre a forma de aquisição da propriedade:

"Desde os idos romanos que os modos tradicionais originários de aquisição da propriedade são fundados em razões naturais (*naturalis ratio*) e o tipo mais antigo de aquisição natural da propriedade é a ocupação, que é a tomada de posse de uma coisa que não é de ninguém (*res nullius*). Os principais exemplos históricos são os animais selvagens e as coisas abandonadas. Trata-se de um direito que surge entre o sujeito e a coisa, sem qualquer título correspondente, sem propriedade anterior. Um outro tipo interessante é a aquisição de propriedade pela aquisição de frutos. Nem sempre o dono da coisa frutífera é o dono dos frutos. Como exemplo, temos o locatário (se assim definido em contrato), o possuidor de boa-fé, o usufrutuário, etc. Aliás, correlato a este tema é a aquisição de frutos percebidos por força de contrato de locação, porque é um direito fundado numa concessão do proprietário do imóvel, decorrente de uma autorização expressa contratual. Neste caso, os frutos da locação não são garantidos, a menos que o locatário consiga locar ou sublocar o bem. Daí a similaridade do exemplo com os contratos de concessão de hidrocarbonetos.

Portanto, para que se possa tributar "processos originários de produção" é preciso refletir se o petróleo ou gás, antes de ser extraído, pode ser considerado produzido e, se nessas condições, pode ser disponibilizado. E mais, como uma mercadoria que não pode ser mensurada pode ser tributada?

---

[82] Idem.

Temos que ter em mente que a disponibilidade econômica ou jurídica do petróleo ou gás só surge após a extração, na forma do artigo 26, da Lei do Petróleo. Portanto, mesmo que, eventualmente, o legislador ou a própria ANP falem de "transferência de propriedade" isso não ocorre, por se tratar de processo originário de produção e por não ser mensurável antes de sua medição.

Não obstante, existe também a barreira Constitucional às pretensões do Estado do Rio de Janeiro, tendo em vista que "estabelecer normas gerais em matéria de legislação tributária, especialmente sobre definição de tributos, fatos geradores, bases de cálculo e contribuintes é matéria de competência de Lei Complementar, à luz do disposto no artigo 146, III, "a", da Constituição Federal. Também é de competência de Lei Complementar definir contribuintes, fixar definição de estabelecimento responsável, o local das operações e a base de cálculo, conforme o inciso XII do art. 155 da Constituição."[83]

A bem da verdade, a estrutura constitucional atual não admite a incidência do ICMS sobre operações que destinem a outros Estados petróleo, inclusive lubrificantes, combustíveis líquidos e gasosos dele derivados, e energia elétrica (art. 155, X, b), tendo em vista que a maior parte do óleo produzido no Brasil se encontra no Rio de Janeiro e grande parte das refinarias não estão localizadas no Estado. Portanto, a inversão da tributação para a origem geraria, mais uma vez, a inviabilidade econômica dos projetos, incluindo o ICMS da extração no preço de todas as operações.

---

[83] Idem

No próprio ano de 2003 a AGU (Advocacia-Geral da União) protocolou no STF sua manifestação na ADI 3019-1 e o advogado-geral da União, Ministro Álvaro Augusto Ribeiro Costa, argumentou sobre a inconstitucionalidade também usando do método originário de aquisição, comentando que "o petróleo é um produto em estado natural, um recurso da natureza. Dado este que não possibilita concluir que a extração de petróleo caracteriza operação relativa à circulação de mercadoria, requisito este que torna ilegítima a cobrança do ICMS em tal atividade".

Hoje, meados de 2009, passados mais de seis anos, a ADI 3019-1 recebe petições e é conclusa pelo relator um sem número de vezes, sem qualquer desfecho ou conclusão que assegure ao país ou aos investidores um caminho, um sinal de que no Brasil se vive em estabilidade regulatória.

No ano de 2004 foi a vez da ADI 3273, promovida pelo Governador do Estado do Paraná, no sentido de ver declarada a inconstitucionalidade da Lei do petróleo em diversos de seus artigos; em especial na transmissão da propriedade ao concessionário e na possibilidade de exportação do petróleo. Felizmente, nestes particulares, a Lei foi julgada Constitucional.

A Ementa publicada no DJ de 02-03-2007, página 02, ficou assim redigida:

> "EMENTA:CONSTITUCIONAL.MONOPÓLIO. CONCEITO E CLASSIFICAÇÃO. PETRÓLEO, GÁS NATURAL E OUTROS HIDROCARBONETOS FLUÍDOS. BENS DE PROPRIEDADE EXCLUSIVA DA UNIÃO. ART. 20, DA CB/88. MONOPÓLIO DA ATIVIDADE DE EXPLORAÇÃO DO PETRÓLEO, DO GÁS NATURAL E DE OUTROS HIDROCARBONETOS FLUÍDOS. ART. 177, I a IV e §§ 1º E 2º, DA CB/88. REGIME DE MONOPÓLIO ESPECÍFICO EM RELAÇÃO AO ART. 176 DA CONSTITUIÇÃO. DISTINÇÃO ENTRE AS PROPRIEDADES A

QUE RESPEITAM OS ARTS. 177 E 176, DA CB/88. PETROBRAS. SUJEIÇÃO AO REGIME JURÍDICO DAS EMPRESAS PRIVADAS [ART. 173, § 1º, II, DA CB/88]. EXPLORAÇÃO DE ATIVIDADE ECONÔMICA EM SENTIDO ESTRITO E PRESTAÇÃO DE SERVIÇO PÚBLICO. ART. 26, § 3º, DA LEI N. 9.478/97. MATÉRIA DE LEI FEDERAL. ART. 60, CAPUT, DA LEI N. 9.478/97. CONSTITUCIONALIDADE. COMERCIALIZAÇÃO ADMINISTRADA POR AUTARQUIA FEDERAL [ANP]. EXPORTAÇÃO AUTORIZADA SOMENTE SE OBSERVADAS AS POLÍTICAS DO CNPE, APROVADAS PELO PRESIDENTE DA REPÚBLICA [ART. 84, II, DA CB/88]. 1. O conceito de monopólio pressupõe apenas um agente apto a desenvolver as atividades econômicas a ele correspondentes. Não se presta a explicitar características da propriedade, que é sempre exclusiva, sendo redundantes e desprovidas de significado as expressões "monopólio da propriedade" ou "monopólio do bem". 2. Os monopólios legais dividem-se em duas espécies: (i) os que visam a impelir o agente econômico ao investimento – a propriedade industrial, monopólio privado; e (ii) os que instrumentam a atuação do Estado na economia. 3. A Constituição do Brasil enumera atividades que consubstanciam monopólio da União [art. 177] e os bens que são de sua exclusiva propriedade [art. 20]. 4. A existência ou o desenvolvimento de uma atividade econômica sem que a propriedade do bem empregado no processo produtivo ou comercial seja concomitantemente detida pelo agente daquela atividade não ofende a Constituição. O conceito de atividade econômica [enquanto atividade empresarial] prescinde da propriedade dos bens de produção. 5. A propriedade não consubstancia uma instituição única, mas o conjunto de várias instituições, relacionadas a diversos tipos de bens e conformadas segundo distintos conjuntos normativos – distintos regimes – aplicáveis a cada um deles. 6. A distinção entre atividade e propriedade permite que o domínio do resultado da lavra das jazidas de petróleo, de gás natural e de outros hidrocarbonetos fluídos possa ser atribuída a terceiros pela União, sem qualquer ofensa à reserva de monopólio [art. 177 da CB/88]. 7. A propriedade dos produtos ou serviços da atividade não pode ser tida como abrangida pelo monopólio do desenvolvimento de determinadas atividades econômicas. 8. A propriedade do produto da lavra das jazidas minerais atribuídas ao concessionário pelo preceito do art. 176 da Constituição do Brasil é inerente ao modo de produção capitalista. A propriedade sobre o produto da exploração é plena, desde que exista concessão de lavra regularmente outorgada. 9. Embora o art. 20, IX, da CB/88 estabeleça que os recursos minerais, inclusive os do subsolo, são bens da União, o art. 176 garante ao concessionário da lavra a propriedade do produto de sua exploração. 10. Tanto as atividades previstas no art. 176 quanto as contratações de empresas estatais ou privadas, nos termos do disposto no § 1º do art. 177 da Constituição, seriam materialmente impossíveis se os concessionários e contratados, respectivamente, não pudessem apropriar-se, direta ou indiretamente, do produto da exploração das jazidas. 11. A EC 9/95 permite que a União transfira ao seu contratado os riscos e resultados da atividade e a propriedade do produto da exploração de jazidas de petróleo e de gás natural, observadas as normais legais. 12. Os preceitos veiculados pelos § 1º e 2º do art. 177 da

Constituição do Brasil são específicos em relação ao art. 176, de modo que as empresas estatais ou privadas a que se refere o § 1º não podem ser chamadas de "concessionárias". Trata-se de titulares de um tipo de propriedade diverso daquele do qual são titulares os concessionários das jazidas e recursos minerais a que respeita o art. 176 da Constituição do Brasil. 13. A propriedade de que se cuida, no caso do petróleo e do gás natural, não é plena, mas relativa; sua comercialização é administrada pela União mediante a atuação de uma autarquia, a Agência Nacional do Petróleo – ANP. 14. A Petrobras não é prestadora de serviço público. Não pode ser concebida como delegada da União. Explora atividade econômica em sentido estrito, sujeitando-se ao regime jurídico das empresas privadas [§ 1º, II, do art. 173 da CB/88]. Atua em regime de competição com empresas privadas que se disponham a disputar, no âmbito de procedimentos licitatórios [art. 37, XXI, da CB/88], as contratações previstas no § 1º do art. 177 da Constituição do Brasil. 15. O art. 26, § 3º, da Lei n. 9.478/97, dá regulação ao chamado silêncio da Administração. Matéria infraconstitucional, sem ofensa direta à Constituição. 16. Os preceitos dos arts. 28, I e III; 43, parágrafo único; e 51, parágrafo único, da Lei nº 9.478/98 são próprios às contratações de que se cuida, admitidas expressamente pelo § 2º do art. 177 da CB. 17. A opção pelo tipo de contrato a ser celebrado com as empresas que vierem a atuar no mercado petrolífero não cabe ao Poder Judiciário: este não pode se imiscuir em decisões de caráter político. 18. Não há falar-se em inconstitucionalidade do art. 60, caput, da Lei nº 9.478/97. O preceito exige, para a exportação do produto da exploração da atividade petrolífera, seja atendido o disposto no art. 4º da Lei nº 8.176/91, observadas as políticas aprovadas pelo Presidente da República, propostas pelo Conselho Nacional de Política Energética – CNPE [art. 84, II, da CB/88]. 19. Ação direta julgada improcedente."

A decisão do Tribunal Supremo foi um alívio para a indústria como um todo e para a imagem do país no exterior, mais ainda, porque foi em 16 de março de 2005 a decisão plenária, sendo que a peça inicial do Governador Requião havia sido distribuída em 09 de agosto de 2004 (ou seja, tudo resolvido em apenas 07 meses).

Mas, para 2005 o ano não se reservava só a essa boa notícia, pela constitucionalidade da Lei do Petróleo. As forças mal propícias ao desenvolvimento do país interpuseram a ADI 3596; houve a proposição, por um ex-deputado, de um Projeto de Emenda Constitucional – PEC nº 410. E ainda, 2005, todos viram nascer a complicada cartilha de Conteúdo Local.

A ADI 3596/2005 foi interposta, a princípio, para suspender a 7ª Rodada de Licitações da ANP, mas, felizmente para o país, por prevenção, o pedido foi avaliado pela Ministra Ellen Gracie que despachou da seguinte forma:

"(...) 9- POR TODAS ESSAS RAZÕES, SENDO MANIFESTAMENTE INCABÍVEL A PRETENSÃO AQUI ANALISADA, NÃO CONHEÇO DO PEDIDO DE SUSPENSÃO DO EDITAL DA ANP ACIMA ESPECIFICADO. 10- VERIFICO QUE O OBJETO DESTA ADI É MAIS ABRANGENTE DO QUE O CONTIDO NA ADI 3326, NA QUAL SE ENCONTRAM APENSADOS, POR DECISÃO DA PRESIDÊNCIA, OS PRESENTES AUTOS. REVELANDO-SE NECESSÁRIO, PORTANTO, UM CÉLERE E REGULAR PROCESSAMENTO DESTA AÇÃO, E, SENDO

CERTA A RELEVÂNCIA DA MATÉRIA E O SEU ESPECIAL SIGNIFICADO PARA A ORDEM SOCIAL E A SEGURANÇA JURÍDICA, DETERMINO O DESAPENSAMENTO DOS AUTOS E A APLICAÇÃO DO ART. 12 DA LEI Nº 9868/99. (...)"

O processo encontra-se concluso desde 08/08/2007 com a Ministra Cármen Lúcia.[84]

A PEC nº 410/2005 foi encabeçada por um deputado e tinha como objeto tirar do concessionário a propriedade do produto da lavra, argumentando que o monopólio havia sido quebrado, como se "letra morta" fosse e que como está a lei do petróleo comprometeria o abastecimento do mercado interno.

Em 2006, eu me posicionei da seguinte forma:[85]

> "Por óbvio, a PEC nº 410/2005 ataca diretamente a atividade econômica de exploração e produção de hidrocarbonetos, já que o artigo 20, V, da Constituição garante à União a propriedade dos bens naturais da plataforma continental e da zona econômica exclusiva; e o inciso IX, do mesmo artigo, garante a propriedade dos recursos minerais, inclusive os do subsolo.
>
> A investida contra o modelo de concessão é clara, pois, se a preocupação fosse mesmo com relação ao abastecimento doméstico, se houvesse realmente insatisfação com as políticas nacionais neste

---

[84] Conforme portal de acompanhamento de processos do STF, acesso em 22 de junho de 2009. Disponível em: http://www.stf.jus.br/portal/processo/verProcessoAndamento.asp?numero=3596&classe=ADI&origem=AP&recurso=0&tipoJulgamento=M

[85] QUINTANS, Luiz Cezar P. Mais um round contra o modelo de concessão de E&P. Disponível em <http://www.abdir.com.br/doutrina/ver.asp?art_id=&categoria=Administrativo> incluído em 11 de agosto de 2006.

sentido, dever-se-ia indagar o CNPE – Conselho Nacional de Política Energética e não buscar confrontar os princípios constitucionais que regem a atividade econômica.

Não cabe aqui entrar no mérito sobre o comprometimento dos produtores (todos, empresas com sede no Brasil) com as políticas de abastecimento, o que se cumpre é esclarecer que compete ao Conselho Nacional de Política Energética – CNPE propor políticas nacionais e medidas específicas – ao Presidente da República – destinadas a estabelecer diretrizes para atender às necessidades de consumo interno de petróleo e seus derivados, gás natural e condensado, e assegurar o adequado funcionamento do Sistema Nacional de Estoques de Combustíveis e o cumprimento do Plano Anual de Estoques Estratégicos de Combustíveis, previstos na Lei nº 8.176/1991 (Lei do petróleo, art. 2º, inciso V).

De uma forma lógica, pragmática e simples é muito mais fácil questionar a atuação do órgão responsável (CNPE) do que alterar todo um modelo adotado pelo Brasil para a atividade econômica de exploração e produção de petróleo e gás. Mas, preciso lembrar que lavrar, cultivar e explorar não são funções típicas do Poder Público, o que faz concluir que se trata de nítida atividade econômica incorporada pelo Estado.

A justificação da PEC aborda o tema como se não existisse o Conselho Nacional de Política Energética, como se o Ministério de Minas e Energia estivesse inoperante e como se não existisse a Agência Nacional do Petróleo, Gás Natural e

Biocombustíveis – ANP, que tem como finalidade promover a regulação, a contratação e a fiscalização das atividades econômicas integrantes da indústria do petróleo, do gás natural e dos biocombustíveis (artigos 7º e 8º da Lei do Petróleo, com redação pela Lei nº 11.097, de 2005). Simplesmente, nesta linha, se fosse aprovada a PEC, esvaziaria a ANP, que foi criada – como autarquia especial – com o intuito de proteger o Poder Público, obedecendo os ditames do artigo 174 da Constituição Federal, como agente normativo e regulador da atividade econômica.

Revela notar que a Constituição exige uma interpretação sistêmica. Não se pode avaliar os artigos isoladamente, sem observar todo o contexto. Neste tema temos que observar o conteúdo de artigos como: 20, 170, 174, 176 e 177, entre outros que contenham princípios constitucionais de direito. O artigo 177 e seus incisos, por exemplo, definem as atividades que constituem monopólio da União; e – de forma complementar e regulatória – a Lei do Petróleo define a política energética nacional e a atividade de exploração e produção de petróleo e gás. O estabelecimento do monopólio estatal nada mais é que a própria intervenção do Estado no domínio econômico, que poderá "bipartir" o domínio da lavra, se for de seu interesse, via licitação. Trata-se de uma contratação de cunho especialíssimo."

Ao final concluí que "já existe o "monopólio de escolha", que dá à União o poder exclusivo de decidir quem irá exercer a atividade econômica; e existe um órgão específico com a atribuição de assegurar o sistema de estoques para garantir o abastecimento interno (CNPE), só se pode concluir que a justificação da PEC 410/2005 se esvazia e, portanto, não merece prosperar."[86]

Em 31 de janeiro de 2007, como o processo não andou, a Mesa Diretora da Câmara dos Deputados determinou o arquivamento da PEC 410, com base no seu regimento interno que diz que, salvo as exceções "Finda a legislatura, arquivar-se-ão todas as proposições que no seu decurso tenham sido submetidas à deliberação da Câmara e ainda se encontrem em tramitação".[87] Na forma do citado regulamento, a proposição poderia ser desarquivada mediante requerimento do Autor, dentro dos primeiros 180 dias da primeira sessão legislativa ordinária da legislatura subsequente, retomando a tramitação desde o estágio em que se encontrava, mas, o deputado não foi reeleito.

Ainda em 2005, o Edital da 7ª Rodada de licitações determinou no item 1.3 (Aferição e Sistema de Certificação do Conteúdo Local) que "Para efeito de aferição do cumprimento dos percentuais de investimentos Locais oferecidos pelo concessionário, será utilizada a metodologia contida na Cartilha do Conteúdo Local de Bens, Sistemas e Serviços Relacionados ao Setor de Petróleo e Gás Natural" e instituiu um anexo III ao contrato de concessão a ser assinado. Posteriormente[88], no contrato incluíram a cláusula 1.44 que dizia: "Para efeitos de aferição do Conteúdo Local, ficam incorporadas neste parágrafo, as definições da Cartilha do Conteúdo de Bens, Sistemas e Serviços, relacionados ao Setor do Petróleo e Gás Natural. A metodologia é disposta no ANEXO III."; e o ANEXO III trou-

---

[86] QUINTANS, Luiz Cezar P. *Mais um round contra o modelo de concessão de E&P.* Disponível em <http://www.abdir.com.br/doutrina/ver.asp?art_id=&categoria=Administrativo> incluído em 11 de agosto de 2006.

[87] Art. 105 do Regimento Interno da Câmara dos Deputados Federais.

[88] Depois da publicação do Edital.

xe – da cartilha do PROMINP[89] – a metodologia de Cálculo do Conteúdo Local para o fornecedor de bens e serviços.

A ANP reconhece no texto do contrato, artigo 27.5 que não é âmbito dela fiscalizar o fornecedor, mas se reserva ao direito de exigir do concessionário quaisquer documentos para sanar dúvidas em relação aos fornecedores, senão vejamos:

> "27.5 Para fins de auditoria do conteúdo local, a responsabilidade é do concessionário e este deve se preocupar em validar as informações do fornecedor e terceiros dispostas conforme disposições aplicáveis da Clausula Vigésima e <u>ANEXO III</u> deste Contrato cobrando declarações, certificados e outros, de seus fornecedores. Por este e outros métodos, cabe ao concessionário se resguardar de quaisquer informações prestadas por terceiros. Não é âmbito da ANP fiscalizar o fornecedor, e sim a atividade praticada pelo concessionário. Contudo, a ANP se reserva o direito de exigir do concessionário quaisquer documentos para dirimir quaisquer dúvidas existentes sobre o fornecedor."

De todos os anos das rodadas de licitação promovidas pela ANP, para a imagem do país, o pior ano foi o de 2006. Apesar de já ter acontecido antes, a ANP impôs restrições à apresentações de ofertas em Bacias de alto potencial. Com isso, pouco antes do dia do leilão, no Rio de Janeiro uma ação (2006.51.01.022361-7, da 3ª Vara Federal do Rio de Janeiro) pedia a suspensão das restrições, requerendo a suspensão de validade dos itens 4.5 e 4.8 do Edital. A juíza concedeu liminar determinando a continuidade do leilão, contudo, retirando a restrição imposta pelo Edital. A ANP, por sua vez, apelou da

---

[89] Baseado no projeto PROMINP E&P – 14. (Cartilha do Conteúdo Local IND P&G-5 PRODUTO DE PROJETO Nº RP-INDP&G05-PIR-001-0 REV. A)

decisão e conseguiu a suspensão da decisão por quarenta e oito horas.

Ocorre que, de outro lugar do país, durante o primeiro dia do leilão, a ANP recebeu por fax, do juiz da 9ª Vara Federal do Distrito Federal, em outra ação popular (2006.51.01.022361-7), uma ordem suspendendo a 8ª Rodada de Licitações.[90] Como os fatos se desenhavam na tarde do primeiro dia, não houve como a ANP e seus advogados revogassem a segunda ordem.

Passaram-se 48 horas e a outra decisão também começou a valer.

Interrompida a 8ª Rodada os ânimos se esfriaram e começou uma longa jornada jurídica e outra longa jornada política, de interesses políticos e, quem sabe, eleitoreiros.

A ANP fez e faz de todo o possível para retomar a 8ª Rodada. A Ministra Ellen Gracie, num voto muito consciente, autorizou a retomada da rodada, mas, hoje, as companhias de petróleo aguardam a retomada da Rodada que não possui qualquer óbice legal para a sua continuidade.

No ano de 2007 o mercado foi surpreendido pela retirada, a poucos dias do leilão, de 41 blocos *offshore* da 9ª rodada de licitações, por decisão do Conselho Nacional de Política Energética (CNPE), através da Resolução nº 6, de novembro de 2007, tendo na mesma resolução recomendado ao Ministério das Minas e Energia que adotasse providências para retomada da Oitava Rodada e determinado o rigoroso respeito aos direitos adquiridos concernentes às áreas concedidas ou arrematadas nos leilões anteriores da ANP. Em relação à 9ª Rodada foi

---

[90] Em 31.08.2009 o Governo Federal encaminhou quatro Projetos de Lei sobre o "pacote do Pré-Sal". Ocorre que alguns Deputados Federais apresentaram emendas, no sentido de ser retomada a 8ª Rodada. O Governo, para utilizar os blocos não licitados na Rodada, em novos contratos de partilha da produção (objeto de um dos Projetos), resolveu separar tais blocos não licitados dos blocos já arrematados (aguardando homologação); e em 26.10.2009 foi publicado no DOU um aviso, gerando a possibilidade de ofertá-los, quando da promulgação da nova lei, sob a égide dos contratos de partilha da produção.

um banho de água fria para todos os investidores, inclusive, nacionais. A rodada só não foi um fracasso maior porque estava entrando no universo nacional do petróleo a brasileiríssima OGX, do empresário Eike Baptista.

Já quanto à 8ª Rodada iniciava-se um (falso)[91] período de esperança e de uma pretensa segurança jurídica, já que a Resolução do CNPE estava determinando o rigoroso respeito aos direitos adquiridos[92] concernentes às áreas concedidas ou arrematadas.

O ano de 2007 trouxe um pouco mais de conforto (normativo) em relação ao Conteúdo Local, em relação à sua normatização, visto que antes não se tinha nada e em novembro a ANP editou quatro resoluções sobre entidades certificadoras (Resolução nº 37, de 13 de novembro de 2007);[93] sobre a instituição de relatórios de investimentos (Resolução nº 39, de 13 de novembro de 2007);[94] e mais duas, com vigência em 150 dias contados da publicação,[95] que tratam da atividade de certificação e institui a cartilha de Conteúdo Local (Resolução nº 36, de 13 de novembro de 2007); e sobre a auditoria nas próprias certificadoras (Resolução nº 38, de 13 de novembro de 2007), já mencionadas no capítulo 2.2.[96]

O ano de 2008 foi o período mais comedido da indústria do petróleo pós-flexibilização. Se em 2006 houve a suspensão da 8ª Rodada; em 2007 ocorreu a retirada de 41 blocos *offshore* na 9ª Rodada,[97] em 2008, por ocasião da 10ª Rodada

---

[91] Falso porque até meados de 2009 nada foi retomado.

[92] Apesar de ser o direito adquirido um direito fundamental expresso na Constituição Federal, art. 5º, XXXVI.

[93] DOU de 16.11.2007

[94] Idem.

[95] Depois foram prorrogadas por mais 150 dias.

[96] Legalidade do Conteúdo Local brasileiro.

[97] Conforme orientação do CNPE e do Presidente da República, que abriu a reunião extraordinária do CNPE de 08 de novembro de 2007, por causa de uma "área" que nominaram de "pré-sal" e confundiram idade geológica da terra com risco exploratório.

a ANP ofereceu somente blocos em terra (*onshore*), trazendo de volta a "maldição de Mr. Link".[98] Em consequência disso a rodada teve menos empresas habilitadas, poucas das grandes empresas fizeram lances interessantes; a arrecadação do governo foi bem abaixo do esperado. Se nos afigura, de fato, a volta do monopólio puro (por vias políticas).

Para registro, destaca-se uma reportagem de julho de 2008:

> "As licitações de petróleo que o governo vai realizar este ano ou no máximo no início de 2009 não contarão com áreas do pré-sal. A decisão foi tomada pelo Conselho Nacional de Política Energética (CNPE). A Agência Nacional de Petróleo (ANP) vai fazer um levantamento das áreas em todo o país que poderão ser licitadas, mas não estão na região do pré-sal para apresentar ao Conselho no máximo em 30 dias. Depois disto, a ANP deverá preparar o edital. – Decidimos convocar uma reunião extraordinária do conselho dentro de 30 dias, podendo ser dentro de 15 dias para baixar uma resolução autorizando, portanto, leilões em muitas áreas fora do pré-sal, nunca no pré-sal. Ou seja, em águas rasas ou em terra – disse o ministro de Minas e Energia, Edison Lobão, ao final da reunião do CNPE."[99]

Em termos de Conteúdo Local a 10ª Rodada de Licitações se comportou de maneira igual à 9ª Rodada de licitações, sem alterações das regras.

---

[98] Mr. Walter Link era um americano que foi contratado na década de 50 pela Petrobras para descobrir petróleo no Brasil. O "relatório Link" tinha avaliações pessimistas sobre a descoberta de petróleo em terras brasileiras.

[99] Notícia do Globo on line, acesso em 23 de julho de 2008. Veja em: http://oglobo.globo.com/economia/mat/2008/07/22/pre-sal_ficara_fora_de_licitacoes_da_anp_diz_lobao-547362975.asp

"A vida só pode ser compreendida olhando-se para trás, mas só pode ser vivida olhando-se para a frente..."

Soren Kierkegoard

6
Histórico do Conteúdo Local nas Rodadas de Licitações

6.1 – 1ª à 4ª Rodada (1999 a 2002)

Para se ter uma ideia do passado, considerando que os conceitos, a obrigatoriedade e a punição pelo cumprimento parcial (ou não) do Conteúdo Local constam apenas dos editais das rodadas de licitações da ANP; e se formalizam nos respectivos contratos de concessão, pode-se afirmar que as normas de Conteúdo Local são obrigações contratuais "*Pacta sunt servanda*",[100] como já destacado anteriormente. A ANP tratou o assunto – neste intervalo de tempo – como se fosse um período de "presença de incentivos", onde a oferta de Conteúdo Local era livre, sem necessidade de observar percentuais mínimos e máximos, oferta por conta do concessionário, dando-se (por força contratual) preferência a produtos nacionais, desde que disponíveis em condições de preço, prazo e qualidade comparáveis aos produtos estrangeiros.

---

[100] Locução latina que significa a obrigatoriedade do cumprimento das cláusulas contratuais.

No contrato de concessão da "Rodada Zero"[101] as cláusulas contratuais previam o seguinte[102]:

"18.1 O Concessionário fornecerá diretamente, comprará, alugará, arrendará ou de qualquer outra forma obterá, por sua conta e risco, todos os bens, móveis e imóveis, inclusive mas não limitados a instalações, construções, equipamentos, máquinas, materiais e suprimentos, que sejam necessários para as Operações e sua execução, podendo fazê-lo no Brasil ou no exterior, respeitadas as disposições da legislação brasileira em vigor, observado ainda o disposto nos parágrafos 19.2.3 e 19.2.4.

18.1.1 Não obstante o disposto no parágrafo 18.1, o Concessionário dará preferência a produtos nacionais, desde que disponíveis em condições de preço, prazo e qualidade comparáveis aos produtos estrangeiros.

18.1.2 Para garantir igual oportunidade aos fornecedores nacionais, o Concessionário deverá adotar os seguintes procedimentos:

---

[101] A Rodada Zero de 1998 tem por base a Lei do Petróleo (Lei nº 9.478/97), especialmente o art.34, *in verbis*:
Art. 34. Cumprido o disposto no art. 31 e dentro do prazo de um ano a partir da data de publicação desta Lei, a ANP celebrará com a PETROBRAS, dispensada a licitação prevista no art. 23, contratos de concessão dos blocos que atendam às condições estipuladas nos arts. 32 e 33, definindo-se, em cada um desses contratos, as participações devidas, nos termos estabelecidos na Seção VI.
Na Rodada Zero foram selecionados pela Petrobras 115 blocos exploratórios e 282 campos de petróleo (todos os campos em produção e desenvolvimento já existentes no país).
[102] Fonte: http://www.brasil-rounds.gov.br/geral/contratos/ContratoR0.PDF

a) as mesmas especificações deverão ser dadas a todos os fornecedores selecionados para o suprimento dos bens requeridos, inclusive em língua portuguesa para os fornecedores locais, indicando-se ainda a disposição em aceitar especificações equivalentes, desde que dentro dos padrões e da boa prática da indústria;

b) a todos os fornecedores selecionados para participar do suprimento, sejam nacionais, sejam estrangeiros, deverá ser dado prazo igual e adequado, tanto para a apresentação da proposta quanto para a produção do bem;

18.1.3 O Concessionário manterá em dia o inventário e os registros de todos os bens e produtos referidos no parágrafo 18.1, observando as disposições do Anexo V – Procedimento Contábil sobre o assunto, e encaminhará à ANP, ao final de cada exercício financeiro, uma relação dos bens e produtos adquiridos no ano findo, indicando os respectivos valores e origens."

Na Rodada 1, em 1999, as ofertas consistiram em Bônus de Assinatura e Conteúdo Local, na forma do item 7.2 do Edital de Licitações, *in verbis*:

"As ofertas consistirão de:

• valor do Bônus de Assinatura, em Reais, a ser pago até o ato da assinatura do Contrato de Concessão. A nota obtida com a oferta do Bônus de Assinatura terá peso de 85% para a obtenção da nota final, de acordo com os critérios do item 8.1;

- uma percentagem, representando um compromisso de aquisição local de bens e serviços na fase de exploração. A nota obtida com a oferta da percentagem terá peso de 3% para a obtenção da nota final, de acordo com os critérios do item 8.2.

- uma percentagem, representando um compromisso de aquisição local de bens e serviços na fase de desenvolvimento. A nota obtida com a oferta da percentagem terá peso de 12% para a obtenção da nota final, de acordo com os critérios do item 8.3."

Na forma do item 8.3 do referido Edital o compromisso com aquisições Locais de Bens e Serviços na Fase de Desenvolvimento é o "valor ofertado, em percentual"; e para o referido compromisso, na fase de exploração, não será exigida oferta mínima, mas ofertas acima de 70% serão tratadas como sendo 70%. Ou seja, mesmo que o concessionário oferecesse 100% de compromisso, para evitar reserva de mercado a qualquer empresa, o limite máximo foi fixado em 70%.

Ainda no Edital da 1ª Rodada e repetido no Contrato de Concessão, o concessionário se compromete a dar "oportunidade" aos fornecedores brasileiros. Mas, temos que avaliar, a sutileza das diferenças entre a Rodada Zero e a Rodada 1. Enquanto na Rodada Zero o Concessionário dará "preferência" na Rodada 1 ele dará "oportunidade". Por outro lado, na rodada zero essa "preferência" só será exercida caso os produtos considerados nacionais estejam "disponíveis em condições de preço, prazo e qualidade comparáveis aos produtos estrangeiros". O que já não acontece na Rodada 1, onde além das exigências de dar oportunidade, terá que seguir as regras descritas nos itens 18.2 e, consequentemente, o item 18.2.1 (ambos repetidos nos contratos de concessão, inclusive, com o mesmo número de cláusula), a seguir:

"18.2. O Concessionário se compromete a dar oportunidade para que Fornecedores Brasileiros possam apresentar propostas para o fornecimento de bens, a fim de assegurar, no mínimo, os índices de aquisição de bens e serviços no País constantes do compromisso da operadora com a ANP, conforme definido parágrafo 18.2.1 . Para tal se compromete a:
(a) incluir Fornecedores Brasileiros em sua lista de fornecedores de bens que tenham capacidade de fornecer dentro de parâmetros de qualidade adequados;
(b) preparar especificações que sejam apropriadas ao uso pretendido, em português ou inglês, de acordo com as Melhores Práticas da Indústria do Petróleo e de forma que a participação brasileira não seja restrita, inibida ou impedida;
(c) assegurar a todos os fornecedores igualdade de tratamento na obtenção de informações e no acesso a revisões de especificações e prazos; e
(d) estabelecer períodos para cotação de propostas e fornecimento de bens que sejam compatíveis com as necessidades usuais de cotações e fornecimento de acordo com as Melhores Práticas da Indústria do Petróleo e de forma a não excluir potenciais Fornecedores Brasileiros da competição.

18.2.1 Além das exigências do parágrafo 18.2, o Concessionário:
(a) durante a Fase de Exploração, comprará de Fornecedores Brasileiros um montante de bens e serviços de forma que a Porcentagem dos Investimentos Locais na Fase de Exploração seja igual a ___ ; e
(b) durante a Etapa de Desenvolvimento da Produção, para cada Área de Desenvolvimento,

caso houver alguma, comprará de Fornecedores Brasileiros um montante de bens e serviços de forma que a Porcentagem dos Investimentos Locais na Etapa de Desenvolvimento da Produção seja igual a ___.

18.2.2 Para a determinação das Porcentagens dos Investimentos Locais na Fase de Exploração e na Etapa de Desenvolvimento da Produção, os valores monetários correspondentes às aquisições de bens junto a Fornecedores Brasileiros, realizadas nos diversos anos, serão atualizados para o último ano, utilizando-se o Índice Geral de Preços de Mercado (IGP-M) da Fundação Getúlio Vargas.

18.2.3 Caso, ao final da Fase de Exploração ou de qualquer Etapa de Desenvolvimento da Produção, as aquisições de bens e serviços junto a Fornecedores Brasileiros durante tal Fase ou Etapa não atingir a porcentagem pertinente prevista acima, o Concessionário pagará à ANP, dentro de 15 dias da solicitação por parte desta, como danos por tal falta, um montante igual a duas vezes o valor das compras de Fornecedores Brasileiros que teriam sido necessárias para atingir a Porcentagem exigida."

Como se vê, os contratos começaram a ser alterados, de uma para outra rodada, para abrigar percentuais de Conteúdo Local e multas pelo não cumprimento. Consideradas essas multas como "danos", pelo dobro do valor que seria necessário para alcançar a porcentagem mínima informada no contrato de concessão, nas letras (a) e (b) da cláusula 18.2.1, acima destacada.

No início do ano de 1999 foi editada a Portaria ANP nº 11, de 13 de janeiro de 1999, publicada no DOU de 14 de janeiro de 1999 e republicada no DOU de 27 de janeiro de 1999, estabelecendo um Plano de Contas a ser observado pelos Concessionários das atividades de exploração e produção de petróleo, gás natural ou ambos, para fins de classificação e registro contábil das referidas atividades.

A multa, na época, sobre a parcela de Conteúdo Local não cumprida era de 200% (duzentos por cento), mas, como a competição limitava a oferta de Conteúdo Local a um valor máximo de 50% e 70% na fase exploratória e de desenvolvimento, respectivamente, não permitia que qualquer competidor levasse mais vantagens se oferecesse mais, apesar do percentual alto da multa, todos pensavam ser possível cumprir o que foi oferecido.

Na 2ª Rodada houve a mesma repetição de texto e procedimentos, descritas no contrato de concessão, na cláusula 20.1 a 20.1.7. Houve apenas uma ampliação do que chamaram de "benefício" no caso de aquisições de "análises laboratoriais de rochas e fluidos e a serviços de processamentos de dados geológicos e geofísicos" ao concessionário era permitido aumentar em 100% (cem por cento) o valor dos custos reais; e em 30% (trinta por cento) para "unidades marítimas" se nacionais. Desde a primeira rodada esse "benefício" já se punha para "serviços de engenharia" se adquiridos no Brasil, contando 200% (duzentos por cento) dos custos reais ou três vezes.

Na 3ª Rodada a ANP solicita ao concessionário que dê "aos Fornecedores Brasileiros, condições amplas e equânimes de concorrência com as demais empresas convidadas". Segue a mesma linha de cláusula, descritas no contrato em 20.1 a 20.1.9, sendo que nesta rodada volta ao texto da Rodada Zero, requerendo que o Concessionário assegure "preferência à contratação de Fornecedores Brasileiros sempre que suas ofertas apresentem condições de preço, prazo e qualidade equivalentes às de outros fornecedores convidados a apresentar propostas."[103]

A ANP percebeu, e depois definiu no contrato, que deveria flexibilizar a questão sobre bens e serviços estrangeiros incorporados aos bens produzidos no Brasil e aos serviços

---

[103] Cláusula 20.1.8 do Contrato de Concessão da 3ª Rodada de licitações da ANP.

aqui prestados, passando a aceitar, por prazos determinados,[104] que bens e serviços cujos valores dos materiais e serviços estrangeiros incorporados aos mesmos que forem superiores aos determinados para Bens de Produção Nacional (limite de 40%) e para Serviço Prestado no Brasil (limite de 20%) sejam considerados, respectivamente, Bens de Produção Nacional e Serviços Prestados no Brasil.[105]

Tal prática, hoje não mais vigente, facilitava a vida para alguns e atrapalhava a vida de outros (mais apegados à semântica). Trazia certa confusão conceitual ou permitia que contratos fossem alterados para comportar objetivos diferentes e até manipular os percentuais. Explico. Quando chamamos um táxi estamos contratando o uso temporal do veículo, estamos pagando o motorista (homem-hora) e todos os insumos e gastos que envolvem o bem e o homem. Mas, na verdade, o que queremos é nos deslocar de um ponto para outro, usando o serviço de transporte. O mesmo funciona com helicópteros, que se fizermos um serviço de apoio aéreo temos muito mais Conteúdo Local do que se alugarmos o aparelho e pagarmos homens-hora de vôo. O melhor mesmo, nestes casos é solicitar o apoio aéreo incluindo no contrato do serviço um certo número de horas de vôo.

Ainda na 3ª Rodada a ANP instituiu uma escala de multas progressivas variando de 200% do que faltasse para cumprir 30% do realizado em Conteúdo Local de 50% do que faltasse para cumprir 70% do realizado em Conteúdo Local.

Em 2001, a ANP editou a Portaria ANP nº 36, de 07 de março de 2001 (DOU de 08.03.2001)[106] que aprova o Regulamento Técnico utilizado na elaboração das demonstrações contábeis e financeiras, para garantir a transparência da Cláusula intitulada "Contabilidade e Auditoria dos Contratos

---

[104] Prazo a ser determinado e definido pela própria ANP.

[105] Cláusula 20.1.9 do Contrato de Concessão da 3ª Rodada de licitações da ANP combinada com as cláusulas 1.2.5 e 1.2.40 do mesmo contrato.

[106] Já revogada pela Portaria ANP nº 180, de 05 de junho de 2003 (DOU de 09.06.2003).

de Concessão". Com essa Portaria a Agência começou a exercer controles sobre as despesas das Empresas.

Na 4ª Rodada o *modus operandi* da ANP foi mantido, determinando que o Concessionário assegure preferência à contratação de Fornecedores Brasileiros sempre que suas ofertas apresentem condições de preço, prazo e qualidade equivalentes às de outros fornecedores convidados a apresentar propostas. Trouxe duas inovações nas cláusulas 20.1 a 20.1.10, que ficara por conta do aumento na valoração do custo real e de despesas com fornecedores, somente para efeito de cálculo das Porcentagens dos Investimentos Locais, com bens e serviços descritos nas cláusulas 20.1.4 a 20.1.7, bem como a instituição de uma escala de multas em caso de porcentagens dos investimentos locais se apresentarem inferiores ao previsto, instituídas pelo seu não cumprimento.

O que se pode constatar da primeira (1999) à quarta (2002) rodada é que não há qualquer critério estabelecido pela Agência para apuração do Conteúdo Local. Constata-se que o concessionário tem que procurar guardar, arquivar e provar que fez convites a fornecedores brasileiros (se é que eles existiam em determinadas atividades) para participar de suas concorrências e licitações internas, em todos os processos de aquisição de bens, serviços e mão-de-obra, de forma a provar a deferência, preferência e oportunidade aos brasileiros. O concessionário na quarta rodada poderá aumentar a valoração do seu custo real e de suas despesas com fornecedores, dependendo dos serviços e aquisições adquiridos. Outra constatação é que o PEM (Programa Exploratório Mínimo) ainda não era critério de julgamento das ofertas.

Na quarta rodada a ANP manteve a escala de multas, variando de 2 (duas) vezes até 0,5 (zero vírgula cinco) vezes o valor o valor dos Bens de Produção Nacional ou dos Serviços até conforme cláusula 20.1.8 do referido edital.

6.2 – 5ª e 6ª Rodadas de Licitação (2003 e 2004)

Na quinta rodada de licitações da ANP o anúncio da rodada se deu com um boa antecedência, em 05 de novembro de 2002; o prazo final para Manifestação de Interesse e apresentação de documentos foi o dia 17 de julho de 2003 e a licitação, ou melhor, a apresentação das ofertas deu-se nos dias 19 e 20 de agosto de 2003. Regras claras e antecipadas fazem parte do mundo ideal para qualquer investidor, seja ele nacional ou estrangeiro.

O Governo e a ANP estavam em processo de mudança e começaram a espelhar essas alterações através de atos normativos internos, para preparar as próximas rodadas. Em 05 de junho de 2003, meses antes da rodada, editou a Portaria ANP nº 180/2003[107] estabelecendo o Regulamento Técnico do Relatório de Gastos Trimestrais com Exploração, Desenvolvimento e Produção e revogando a Portaria ANP nº 36, de 07 de março de 2001, que tratava de cláusula específica.[108] A Portaria 180/2003 além de tratar da utilização do Regulamento Técnico na elaboração das demonstrações contábeis e financeiras, a que se refere a Cláusula intitulada Contabilidade e Auditoria dos Contratos de Concessão, repetindo a Portaria anterior, passou também a controlar a apresentação da comprovação dos percentuais mínimos de Investimentos Locais na Fase de Exploração e da Etapa de Desenvolvimento determinados nos Contratos de Concessão.

A partir de então, o relatório de gastos passou a ser o melhor instrumento de controle e fiscalização do cumprimento do Conteúdo Local, ainda, sem qualquer procedimento e metodologia para sua apuração.

Com o edital da 5ª Rodada o julgamento das ofertas ganhou mais um critério de apuração, o Programa Explorató-

---

[107] DOU de 9.6.2003
[108] "Contabilidade e Auditoria dos Contratos de Concessão."

rio Mínimo (PEM) e passou a existir conteúdo local mínimo para cada fase (exploração e desenvolvimento da produção). O julgamento das ofertas dos concorrentes habilitados era feito mediante a atribuição de pontos e pesos, conforme indicado no Edital:

"4.7.1 Bônus de Assinatura
1. A nota obtida com a oferta do Bônus de assinatura terá peso de 30 (trinta) para a obtenção da nota final.
2. O Bônus de Assinatura não poderá ser inferior ao valor mínimo estabelecido no
parágrafo 4.4. Qualquer oferta inferior aos valores mínimos será desqualificada.

Nota A = [(bônus ofertado) / (maior bônus ofertado)] x 30

4.7.2 Programa Exploratório Mínimo
1. A nota obtida com o compromisso exploratório mínimo terá peso de 30 (trinta)
para a obtenção da nota final.
2. O Primeiro Período Exploratório exige o comprometimento dos Concessionários com um Programa Exploratório Mínimo, expresso em números inteiros de Unidades de Trabalho (UT). As UTs oferecidas serão incorporadas ao Contrato de Concessão, devendo ser cumpridas em trabalhos exploratórios equivalentes durante o Primeiro Período Exploratório, conforme listado na Tabela 2. Valores nulos de ofertas de Programa Exploratório Mínimo ocasionarão a anulação da oferta.

Nota B = [(Programa Exploratório Ofertado, em UTs) / (maior Programa Exploratório Ofertado, em UTs)] x 30

4.7.3 Compromisso com Aquisição Local de Bens e Serviços na Fase de Exploração

1. Para os gastos relacionados ao Contrato de Concessão na Fase de Exploração, aplica-se o percentual mínimo obrigatório de conteúdo local descrito na Tabela 4 (Fator E). Para efeitos de avaliação das ofertas, serão considerados compromissos adicionais específicos para determinadas operações, que serão adicionados aos valores mínimos estabelecidos na Tabela 4, e serão inseridos como obrigações complementares no Contrato de Concessão. Valores de ofertas inferiores ao mínimo obrigatório anularão a proposta.

2. A pontuação atribuída aos percentuais de compromisso oferecidos na Fase de Exploração serão baseados no índice PEXP, calculado para cada item da oferta por:

PEXP = (Programa Exploratório Ofertado, em UTs) x [(Percentual ofertado de conteúdo local/ Fator E)^2 − 0,8]

3. Para os blocos em mar, a oferta será composta de 2 valores percentuais, expressos em números inteiros, representando o compromisso mínimo com fornecedores locais de bens e serviços para:

i) operações de processamento de dados geofísicos, estudos e interpretação de dados de geologia e geofísica; e
ii) perfuração, completação e avaliação de poços.

4. A nota obtida com o compromisso de aquisição local de bens e serviços para a Fase de Exploração em blocos no mar terá peso 15 (quinze), que, para

a obtenção da nota final, será dividido de acordo com os itens i e ii acima descritos, sendo atribuídos peso 7 (sete) para o item i e peso 8 (oito) para o item ii.

5. A nota de cada item será obtida por:
Nota C = [PEXP ofertado i / maior PEXP ofertado i] x 7
Nota D = [PEXP ofertado ii / maior PEXP ofertado ii] x 8

6. Para os blocos em terra, a oferta será composta de 3 valores percentuais, expressos em números inteiros, detalhando o compromisso mínimo com fornecedores locais de bens e serviços para:
i) operações de aquisição de dados de geologia e geofísica;
ii) operações de processamento de dados geofísicos, estudos e interpretação de dados de geologia e geofísica; e
iii) perfuração, completação e avaliação de poços.

7. A nota obtida com o compromisso de aquisição local de bens e serviços para a Fase de Exploração em blocos terrestres terá peso 15 (quinze), que, para a obtenção da nota final, será dividido de acordo com os itens i, ii e iii acima descritos, sendo atribuídos peso 4 (quatro) para o item i, peso 4 (quatro) para o item ii e peso 7 (sete) para o item iii.

8. A nota de cada item será obtida por:
Nota E = [PEXP ofertado i / maior PEXP ofertado i] x 4

Nota F = [PEXP ofertado ii / maior PEXP ofertado ii] x 4
Nota G = [PEXP ofertado iii / maior PEXP ofertado iii] x 7

9. O cumprimento dos percentuais adicionais específicos, oferecidos para fins de avaliação das ofertas, é obrigatório, independente e complementar ao percentual mínimo obrigatório de conteúdo local descrito na Tabela 4.

4.7.4 Compromisso com Aquisição Local de Bens e Serviços na Etapa de Desenvolvimento

1. Para os gastos relacionados ao Contrato de Concessão na Etapa de Desenvolvimento, aplica-se o percentual mínimo obrigatório de conteúdo local descrito na Tabela 4 (Fator D). Para efeitos de avaliação das ofertas serão considerados compromissos específicos adicionais para determinadas operações, que serão adicionados aos valores mínimos obrigatórios estabelecidos na Tabela 4, e serão inseridos como obrigações complementares no Contrato de Concessão. Valores de ofertas inferiores ao mínimo obrigatório anularão a proposta.

2. A pontuação atribuída aos percentuais de compromisso oferecidos na Etapa de Desenvolvimento serão baseados no índice PDEV, calculado para cada item da oferta por:

PDEV = (Percentual ofertado de conteúdo local / Fator D) 5 – 0,5

3. Para os blocos em mar, a oferta será composta de 2 valores percentuais, expressos em números

inteiros, detalhando o compromisso mínimo com fornecedores locais de bens e serviços para:
i) Serviços de engenharia de detalhamento.

ii) Perfuração de poços, completação, avaliação, construção e montagem da plataforma (unidade de produção), plantas de processo e utilidades, sistema de coleta de produção (linhas, *risers* e equipamentos submarinos) e sistema de escoamento da produção.

4. A nota obtida com o compromisso de aquisição local de bens e serviços para a Etapa de Desenvolvimento em blocos no mar terá peso 25 (vinte e cinco), que, para a obtenção da nota final, será dividido de acordo com os itens i e ii acima descritos, sendo atribuídos peso 7 (sete) para o item i e peso 18 (dezoito) para o item ii.

5. A nota de cada item será obtida por:
Nota H = [PDEV i / maior PDEV ofertado i] x 7
Nota I = [PDEV ii / maior PDEV ofertado ii] x 18

6. Para os blocos em terra, a oferta será composta de 2 valores percentuais, expressos em números inteiros, detalhando o compromisso mínimo com fornecedores locais de bens e serviços para:
i) Serviços de engenharia de detalhamento.
ii) Perfuração de poços, completação, avaliação, estações coletoras e unidades de tratamento de fluidos e sistema de escoamento da produção.

7. A nota obtida com o compromisso de aquisição local de bens e serviços para a Etapa de

Desenvolvimento em blocos terrestres terá peso 25 (vinte e cinco), que, para a obtenção da nota final, será dividido de acordo com os itens i e ii acima descritos, sendo atribuídos peso 7 (sete) para o item i e peso 18 (dezoito) para o item ii.

8. A nota de cada item será obtida por:
Nota J = [PDEV i / maior PDEV ofertado i] x 7
Nota L = [PDEV ii / maior PDEV ofertado ii] x 18
(...)"

Na quinta rodada ocorreram restrições[109] à apresentação de ofertas[110] exclusivamente para os setores de bacias listados na Tabela 8 do contrato de concessão. As empresas estavam limitadas a apresentar ofertas, como operadoras, em no máximo 2 (dois) blocos destes setores. A restrição aplicava-se também para empresas afiliadas. As restrições não ocorriam para empresas que apresentassem ofertas em consórcios, como não-operadoras, mesmo que essas empresas apresentassem o número máximo de ofertas, como operadora, para esses setores. A apresentação de ofertas em número superior ao listado na Tabela ocasionaria a desqualificação de todas as ofertas que a empresa apresentasse, como operadora, para o setor listado. O mesmo ocorreu na sexta rodada, com restrições listadas na Tabela 9.[111]

---

[109] Essas mesmas restrições, que foram novidade apenas na 5ª Rodada é que causaram parte do reboliço da 8ª Rodada, mas, o julgador de primeira instancia avaliou mal a questão e concedeu liminar que ajudou a formar a confusão jurídica estabelecida na época.

[110] Item 4.8 do Edital da 5ª Rodada de Licitações.

[111] Item 4.8 do Edital da 6ª Rodada de Licitações (limite de 04 ofertas por Operador).

Na 5ª Rodada os percentuais mínimos de Conteúdo Local foram criados. Com isso, proporcionalmente, as multas pelo não cumprimento do Conteúdo Local sofreram reduções sensíveis para 50% da "parcela a completar" para cumprir o percentual ofertado, nos casos em que o percentual alcançado foi abaixo do mínimo ofertado; e se o percentual alcançado foi acima do mínimo ofertado e abaixo do percentual proposto, aplica-se uma multa de 20% da parcela a completar para cumprir o Conteúdo Local.

Ainda antes da licitação da 5ª Rodada o CNPE editou a Resolução nº 8, de 21 de julho de 2003 para estabelecer a política de produção de petróleo e gás natural e definir diretrizes para a realização de licitações de blocos exploratórios ou áreas com descobertas. Na dita resolução o CNPE determinou à ANP que fixasse percentual mínimo de conteúdo nacional[112] para o fornecimento de bens e serviços utilizados na exploração e produção de petróleo e gás natural, ajustando-os permanentemente a evolução da capacidade de produção da indústria nacional e aos seus limites tecnológicos. Cumpre ressaltar que não houve a divulgação de qualquer estudo que pudesse determinar esse "mínimo".

A 5ª rodada de licitações transcorreu bem, apesar das restrições de ofertas impostas e a pressão que era feita por conta da tentativa de aumentar o ICMS no Rio de Janeiro, através do legislativo estadual, seja pela Lei anti-repetro ou pela Lei do ICMS no ponto de medição, já comentadas.

Foi publicado o Decreto nº 4.925 em 2003 e este instituiu o PROMINP – Programa de Mobilização da Indústria Nacional de Petróleo e Gás Natural, com o objetivo de "maximizar a participação da indústria nacional de bens e serviços, em bases competitivas e sustentáveis, na implantação de projetos de petróleo e gás natural no Brasil e no exterior". Em

---

[112] Inciso I do art. 2º da Resolução nº 8, de 21 de julho de 2003.

2004 o Programa lançou a Cartilha do Conteúdo Local, fase 0 – IND P&G 5, Código do Projeto: "IND P&G 5 "– PROMINP – 26 de julho de 2004,[113] Título: Construção de Metodologia, Sistemática, Aferição e Auditagem para Apuração do conteúdo nacional.

Por ocasião da 6ª Rodada de Licitações, a Cartilha do Conteúdo Local já existia, mas, não era obrigatória. Começava a surgir a primeira tentativa de gerar metodologia para apuração do Conteúdo Local. O problema é que a cartilha não tinha por base nenhuma norma ou conteúdo geológico que pudesse lhe dar boas vindas. O edital dizia "como parte do critério de julgamento das ofertas, as empresas ou consórcios de empresas oferecerão percentuais de compromisso mínimo obrigatório de aquisição de bens e serviços de fornecedores brasileiros para atividades específicas, na Fase de Exploração e na Etapa de Desenvolvimento, realizadas em cada Bloco concedido. Os percentuais oferecidos pelas empresas ou consórcios de empresas vencedores serão incorporados aos respectivos Contratos de Concessão";[114] e, em sequência, determinava multas pelo descumprimento do percentual mínimo obrigatório do Conteúdo Local, o descumprimento dos percentuais mínimos obrigatórios e adicionais específicos ocasionaria a imposição de multas proporcionais ao valor que teria sido necessário para atingir o percentual de Conteúdo Local oferecido, a saber:

- Para valores atingidos de Conteúdo Local abaixo dos valores mínimos obrigatórios estabelecidos na Tabela 4 do Edital da 6ª Rodada, a multa é de 50% (cinquenta por cento) do valor que teria sido necessário para atingir o percentual mínimo obrigatório

---

[113] Informações extraídas do site http://www.prominp.com.br/, Palestras de Lançamento da cartilha de CL, BNDES e ONIP. Acessos em 18/07/2007 e em 07/07/2009.

[114] Item 2.7 do edital da 6ª rodada de licitações.

de Investimentos Locais na Fase de Exploração ou Etapa de Desenvolvimento; e

- Para as obrigações adicionais específicas oferecidas acima dos valores mínimos obrigatórios estabelecidos na Tabela 4 do Edital da 6ª Rodada, a multa é de 20% (vinte por cento) do valor que teria sido necessário para atingir o percentual oferecido de Investimentos Locais na Fase de Exploração ou Etapa de Desenvolvimento.[115]

A Cartilha, nascida em 2004, mais parecia adaptações de contratos financeiros do que qualquer outra coisa. A falta de norma, a falta de conceito e o fato de ser algo novo trouxeram com ela um elemento novo: a rejeição. Mas, para o lançamento do Projeto muitas entidades foram convidadas e, entendendo ou não o conteúdo da Cartilha, aprovaram – de certa forma – o feito, são elas: ABIMAQ, AEM Serviços de Engenharia, Agência Estado, BNDES, CBO Rio, CNI, CNPI, DataFix, Docpro, El Paso, Eni Oil, Exxon Mobil, FIRJAN, Gaia Consultores, IBP, Info Globo, Kerr-Mcgee do Brasil, Maersk Oil Brasil Ltda, Ministério de Minas e Energia, ONIP, Petrobras, Petrobras/Accenture, Revista Brasil Energia, Shell Brasil Ltda., Sinaval, Thato Informática, TN Petróleo, Valor Econômico e Weikersheimer & Castro Advogados.[116]

6.3 – 7ª Rodada de Licitação (2005)

A 7ª Rodada de licitações começou seu cronograma com o anúncio dos setores em estudo para a rodada no início do ano de 2005. O pré-edital foi publicado em abril de 2005, junto com a minuta do contrato de concessão. Foi nesta época

---

[115] Item 4.10 do Edital da 6ª Rodada de Licitações.

[116] Participantes do lançamento do Projeto PROMINP. http://www.prominp.com.br/redireciona.asp?pagDestino=paginadinamica.asp?grupo=30 1&apresentacao=&publicacao= acesso em 18/07/2007.

que começaram – verdadeiramente – os incômodos para os intérpretes da cartilha, pois ela era apenas parte de um programa para maximizar a participação da indústria nacional e já passava a ser um instrumento de medição e apuração de Conteúdo Local. O Edital da 7ª Rodada foi publicado em 16 de agosto de 2005 e continha a obrigação do Concessionário, para fins de aferição do cumprimento dos percentuais de investimentos Locais, de utilizar a metodologia contida na Cartilha do Conteúdo Local de Bens, Sistemas e Serviços Relacionados ao Setor de Petróleo e Gás Natural. Para não haver qualquer dúvida a cartilha passou a integrar o Contrato de Concessão, como seu anexo III. Segue o texto do referido edital:

"1.3 Aferição e Sistema de Certificação do Conteúdo Local

1. Para efeito de aferição do cumprimento dos percentuais de investimentos Locais oferecidos pelo concessionário, será utilizada a metodologia contida na Cartilha do Conteúdo Local de Bens, Sistemas e Serviços Relacionados ao Setor de Petróleo e Gás Natural (ANEXO III do Contrato).

2. Para efeito de cálculo dos percentuais de Conteúdo Local efetivamente realizados, os bens ou serviços que apresentarem Conteúdos Locais inferiores a 10% serão considerados como sendo bens ou serviços integralmente importados, ou seja, com 0 (zero)% de Conteúdo Local. Como exceção a esta regra, serão considerados apenas os itens de aquisição sísmica e de afretamento de sonda para projetos "offshore" e o sub-item "brocas".

3. Cada concessionário será responsável pelas informações referentes ao Conteúdo Local, devendo prever

em seus contratos de compra de bens e serviços que os fornecedores certifiquem seus produtos e mantenham todas as informações necessárias para aferição do Conteúdo Local. Esta certificação se dará na forma do item subsequente.

4. O compromisso do Concessionário quanto à aquisição local de bens e serviços será comprovado junto à ANP pela apresentação de certificados de conteúdo nacional.

5. O concessionário de E&P deverá solicitar aos seus fornecedores de bens e serviços as devidas certificações de seus produtos. Além disso, os fornecedores poderão, por sua livre iniciativa, buscar antecipadamente a certificação de seus produtos.

6. As atividades de certificação serão executadas por entidades devidamente qualificadas e credenciadas pela ANP, com base em critérios previamente definidos pela própria Agência."

Como se vê no título do item 1.3 supra e no seu subitem 3, a ANP criou uma certificação, impondo aos concessionários que contratem com seus fornecedores, nacionais e estrangeiros, na aquisição de bens e serviços, que tais fornecedores "certifiquem seus produtos" e mantenham as informações necessárias para aferição do Conteúdo Local. Nos subitens subsequentes, do item 1.3 continua determinando a forma como os concessionários devem se comportar, observando o seguinte:

a) apresentação de certificados de conteúdo nacional à ANP;
b) solicitar aos seus fornecedores de bens e serviços as devidas certificações de seus produtos, autorizando

aos fornecedores – por livre iniciativa – a busca antecipada da certificação de seus produtos; e
c) Determinou que as atividades de certificação serão executadas por entidades devidamente qualificadas e credenciadas pela ANP, com base em critérios previamente definidos pela própria Agência.

Ocorre que, ao arrepio do princípio da legalidade, ainda que a ANP tenha autonomia para gerar regras[117] de conduta aos concessionários, todas essas obrigações deveriam ser claras e dispostas em algum ordenamento, ainda que emanado por ela própria, estabelecendo a correta regra do jogo, antes da assinatura do contrato de concessão. O que faz concluir que – sem qualquer amparo legal – a ANP instituiu uma certificação, por entidades que não existiam (à época), credenciadas sem qualquer critério pré-definido, além de não estabelecer o mínimo regramento possível sobre a certificação, de tal modo que fosse possível ao concessionário exigir ou estabelecer regras de conduta aos fornecedores, bem como guiar seus fornecedores para alcançarem a certificação tão desejada.

A questão é que não se cumpre (e não se pode cumprir) aquilo que não existe, não só por inexistência de norma, mas, também por desconhecimento (daquilo que devia existir ou já estar à disposição para ser executado).

Como se pode verificar, no cronograma da 7ª Rodada, disponível no site[118] da ANP, não há qualquer menção, desde o anúncio da rodada até a assinatura dos contratos, de etapas que possibilitassem ao público e aos interessados a discussão acerca do uso da cartilha; dos percentuais mínimos e máximos da tabela 4; e, especialmente, da novíssima certificação.

A tabela 4 a que se refere o Edital da 7ª Rodada tem se mantido nas demais rodadas, como segue:

---

[117] Atos Administrativos.

[118] http://www.anp.gov.br/brasil-rounds/round7/round7/cronograma.asp acesso em 01 de julho de 2007.

TABELA 4

Localização do Bloco	Fase de Exploração		Etapa de Desenvolvimento	
	Mínimo (%)	Máximo (%)	Mínimo (%)	Máximo (%)
Águas Profundas P*> 400 m	37	55	55	65
Águas Rasas 100 m < P* ≤ 400 m	37	55	55	65
Águas Rasas P*≤100 m	51	60	63	70
Terra	70	80	77	85

* P = profundidade em metros

Apenas para fins estatísticos, é fato que todas as empresas procuram usar os percentuais máximos nas fases de Exploração e de Desenvolvimento, ou seja, em águas profundas e águas rasa trabalham bastante com os números 55% e 65%, respectivamente.

Na rodada, as empresas, todas, foram à licitação às cegas, sem qualquer orientação sobre a certificação e sem qualquer instrumentação sobre a aferição do Conteúdo Local pela cartilha.

A apresentação das ofertas ocorreu nos dias 17, 18 e 19 de outubro de 2005 e os contratos foram firmados em janeiro de 2006.

Se fosse exigida realmente certificação para a 7ª Rodada de Licitações, a aplicação de multas contra os concessionários, em caso de impossibilidade de reversão dessas multas em âmbito administrativo, certamente, seria corrigida no juízo arbitral ou no Judiciário dando aos concessionários o direito de não certificação, por inexistirem normas e certificadores.

6.4 – 8ª, 9ª e 10ª Rodadas de Licitação (2006 a 2009)

Conforme já comentado anteriormente a 8ª Rodada de Licitações foi suspensa;[119] e até agora não retornou ao cenário da atividade econômica petrolífera, mesmo não havendo mais empecilhos legais.[120] Os motivos que levaram à suspensão da rodada foram as Restrições à apresentação de ofertas que se encontravam no Edital da 8ª Rodada. Os autores das ações narraram o tema como se fosse algo novo, prejudicial ao país, mas não era novidade, pois, já haviam ocorrido restrições nas 5ª e 6ª Rodadas. Pela falta de conhecimento das questões de Petróleo e Gás,[121] dos juízes que concederam as liminares; pela não observância da prevenção; e pelas manobras utilizadas em Estados diferentes a 8ª Rodada "emperrou".

Neste aspecto, fica aqui um registro de sugestão para alteração da lei de Licitações nº 8.666/93:[122] que as ações populares e demais ações contra as licitações públicas sejam interpostas, exclusivamente, no Estado onde a licitação é reali-

---

[119] No Rio de Janeiro pela ação popular n. 2006.51.01.022361-7, da 3ª Vara Federal do Rio de Janeiro que pedia a suspensão das restrições, requerendo a suspensão de validade dos itens 4.5 e 4.8 do Edital. A juíza concedeu liminar determinando a continuidade do leilão, contudo, retirou a restrição imposta pelo Edital. A ANP, por sua vez, apelou da decisão e conseguiu a suspensão da decisão retro por 48 horas. Apesar de prevento o juízo, houve outra ação de Brasília, durante o primeiro dia do leilão. A ANP recebeu por fax, do juiz da 9ª Vara Federal do Distrito Federal, na ação popular n. 2006.51.01.022361-7, uma ordem suspendendo a 8ª Rodada de Licitações. A ANP não teve tempo para reverter a situação.

[120] Ver nota 90 na página 64.

[121] Em regra não conhecem as rodadas, os editais e os contratos de concessão. A tentativa de decidir questões com a leitura do pedido, da Lei do Petróleo e/ou da Constituição Federal simplesmente, impede a visão do todo. Não basta boa vontade e ótimo raciocínio lógico. É preciso conhecer os meandros da exploração e produção de petróleo para uma decisão justa, para a sociedade e para as partes.

[122] Ou qualquer outra lei formal para resolver essa insegurança que atinge a própria administração.

zada e seja respeitada a prevenção, pois é a mesma que evita a contradição de julgados, reunindo vários autos em um único juízo, para decisão simultânea.[123]

A Cartilha de Conteúdo Local estava sendo testada em projetos já concluídos.[124] Nenhum conteúdo local, desde 1999 até 2007, havia sido planejado, controlado ou auferido, exceto o de projetos já concluídos. O que se leva a assentar que o Conteúdo Local só pode ser avaliado ou conferido durante o seu período contratual. Especialmente, pela falta de regras claras e precedentes à assinatura dos contratos. Resta, inclusive, repetir uma crítica construtiva: como pode o Conteúdo Local ser considerado um critério de julgamento de ofertas, se sua exigência não tem base legal, não é clara, não foi testada em novos projetos, desde sua concepção até o fim. Qual o fundamento para afirmar que o país está preparado para servir e disponibilizar bens e serviços na ordem de 37% a 85% conforme os percentuais mínimos e máximos exigidos nas fases de exploração e desenvolvimento da produção, se nem pesquisas e coletas de dados a esse respeito são feitas ou divulgadas?

Apesar da insegurança jurídica gerada pela suspensão da 8ª Rodada o país não podia parar o seu desenvolvimento. A ANP em julho de 2007 fez a divulgação das áreas oferecidas e em agosto publicou o pré-edital e a minuta do contrato de concessão para a 9ª Rodada de licitação.

O comportamento da ANP pareceu mais flexível em relação aos preços e prazos ofertados pelos fornecedores nacionais, tanto é que – desde que solicitado pelo Concessionário – a ANP poderia autorizar – excepcionalmente – a contratação de determinados bens ou serviços específico no exterior, liberando o Concessionário da obrigatoriedade de cumprir o correspondente percentual de Conteúdo Local.

---

[123] BRASIL, Código de Processo Civil, artigos 105 e 106.
[124] Conteúdo Local Certificação dos FPSO P-54 e P-53 e Conteúdo Local Certificação dos SS P-51 e P-52, com o apoio da ONIP.

Infelizmente, nem tudo são flores, o Concessionário, no entanto, continuaria obrigado a cumprir o percentual global de Conteúdo Local oferecido na licitação para a Fase ou Etapa em questão.

Ou seja, no subitem poderia se abrir uma exceção, mas, não no valor global. Por exemplo, na fase de exploração, se os sistemas elétricos tivessem que ser adquiridos no exterior, caso a ANP liberasse esse subitem, na soma global dos demais itens de equipamentos, quer dizer, sistema elétrico, sistema de automação, sistema telecomunicação, sistema de medição fiscal e instrumentação de campo, globalmente, teriam que juntos respeitar os percentuais oferecidos.

O mesmo passou a ocorrer nas ofertas de prazos para entrega dos bens ou execução dos serviços locais (itens e subitens específicos), muito superiores aos praticados pelo mercado internacional, que possam comprometer o cronograma de atividades proposto, obrigando o concessionário, igualmente, a cumprir os percentuais globais. A ANP, felizmente, flexibilizou a oportunidade de utilização de novas tecnologias, não-disponíveis por ocasião da Licitação e não-previstas nas planilhas. Se as tecnologias anteriores foram substituídas por nova tecnologia, o Concessionário ficaria liberado do cumprimento dos itens e subitens específicos, continuando obrigado – sempre – a cumprir o percentual global de Conteúdo Local.

Durante os trabalhos de Exploração e Desenvolvimento, se por motivos justificados forem necessários ajustes quanto ao cumprimento de Conteúdo Local de itens e subitens específicos da planilha, os Concessionários poderão acordar com a ANP eventuais alterações. O Concessionário, no entanto, continua obrigado a cumprir o percentual global de Conteúdo Local oferecido na licitação para a atividade em questão. [125]

---

[125] Item 7.5.3 do Edital da 8ª Rodada de Licitações. Na 9ª Rodada o critério se repetiu, mas, como na 10ª Rodada foram oferecidos blocos em terra, então, dessa lista apenas as brocas remanesceram.

A ANP também passou a admitir certas compensações, ou melhor, a transferência de valores, em reais, da etapa de exploração para a etapa de desenvolvimento caso, na Fase de Exploração, o Concessionário venha a executar investimentos locais que resultem em um percentual de Conteúdo Local superior ao oferecido na licitação.[126]

A ANP manteve o sistema de certificação, sem acrescer qualquer norma e determinou que os bens ou serviços que apresentarem Conteúdos Locais inferiores a 10% serão considerados como sendo bens ou serviços integralmente importados, ou seja, com 0 (zero)% de Conteúdo Local. A exceção, onde a regra vige para percentuais inferiores a menos de 10% permanece valendo para os seguintes itens.[127]

a) aquisição sísmica;
b) afretamento de sonda para projetos "offshore"; e
c) aquisição de "brocas".

Como penalidades pelo não-cumprimento do Conteúdo Local oferecido trouxe nova regra onde menos que 65% de cumprimento é igual a multa de 60% e onde o descumprimento de 65% ou mais é igual a multa de 100%, pode-se assim resumir:

a) Se $0 < NR(\%) < 65\% \Rightarrow M(\%) = 60(\%)$
b) Se $NR(\%) \geq 65\% \Rightarrow M(\%) = 1{,}143\,NR(\%) - 14{,}285$

Ou, a seguir, representada graficamente o valor da multa incidente sobre o montante do Conteúdo Local não-realizado, M(%), em função da percentagem de Conteúdo Local não-realizado, NR(%).

---

[126] Item 7.5.4 do Edital da 8ª Rodada de Licitações
[127] Item 7.6.1 do Edital da 8ª Rodada de Licitações. Na 10ª rodada, por ser uma rodada *onshore*, a exceção ficou só por conta do item "brocas".

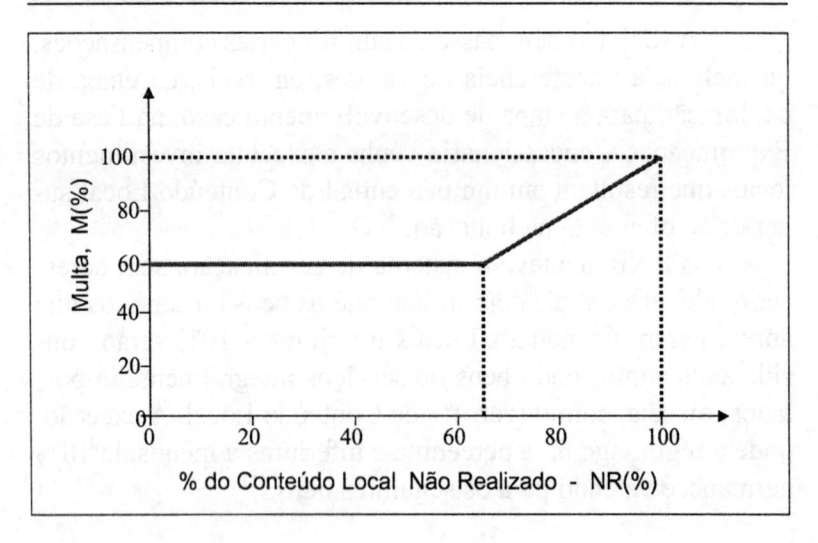

Figura 1 – Multa incidente sobre o montante do Conteúdo Local não-realizado[128]

A 9ª Rodada vinha cumprindo seu cronograma. Dia 03 de outubro de 2007 foi o último dia para as empresas manifestarem seu interesse na rodada. Poucas faltas foram sentidas entre as empresas internacionais habituais e novas entrantes estavam participando, a exemplo das brasileiríssimas OGX e a Vale do Rio Doce. As ofertas iriam ocorrer nos dias 27 e 28 de novembro de 2007[129], quando no dia 08 de novembro de 2007 (publicada no D.O.U. de 14 de novembro de 2007) foi editada a Resolução CNPE nº 06/2007 estabelecendo novas e específicas diretrizes para a realização da 9ª Rodada de Licitações de blocos exploratórios da Agência Nacional do Petróleo, Gás Natural e Biocombustíveis – ANP, por conta de supostos resultados dos testes de produção obtidos pela Petrobras, que segundo a resolução apontavam para "a existência de uma nova

---

[128] Fonte: Edital da 8ª Rodada de Licitações

[129] Fonte: http://www.brasil-rounds.gov.br/round9/cronograma.asp acesso em 08 de julho de 2009.

e significativa província petrolífera no Brasil, com grandes volumes recuperáveis estimados de óleo e gás". Diante disso o CNPE, usando o argumento de "preservar o interesse nacional, na promoção do aproveitamento racional dos recursos energéticos do País" resolveu determinar à ANP a exclusão de 41 blocos da 9ª Rodada de Licitações, situados nas bacias do Espírito Santo, de Campos e de Santos, relacionadas às possíveis acumulações em "reservatórios do pré-sal".

Talvez na tentativa de contrabalançar o aviltamento à segurança jurídica e ao próprio interesse nacional, na manutenção da auto-suficiência e produção de petróleo e gás, para minimizar o impacto junto aos investidores determinou o CNPE que o MME e a ANP adotassem as providências necessárias para o prosseguimento e a conclusão da 8ª Rodada de Licitações, considerando o seu foco em gás natural e óleo leve, bem como a rigorosa observação dos direitos adquiridos e atos jurídicos perfeitos, relativos às áreas concedidas ou arrematadas em leilões da ANP. Na mesma levada, iniciou a tentativa de alteração da atual Lei do Petróleo.

A 9ª Rodada só não teve resultados mais pífios em decorrência das aquisições que ficaram por conta da nova entrante, a OGX.

Cerca de duas semanas antes da 9ª Rodada a ANP editou quatro novas resoluções, sendo que duas delas passaram a viger de imediato, a saber:

- **RESOLUÇÃO ANP nº 37, de 13.11.2007** que aprova o **Regulamento ANP nº 7/2007** que define os critérios e procedimentos para cadastramento e credenciamento de entidades para Certificação de Conteúdo Local. Fazem parte da Resolução 37/2007 o Regulamento ANP nº 7/2007, referente ao Credenciamento de Entidades para Certificação de Conteúdo Local e seus anexos (Anexo I – Solicitação de Credenciamento para Certificação de Conteúdo

Local; Anexo II – Termo de Confidencialidade; Anexo III – Documentação Requerida para Qualificação Técnica; Anexo IV – Documentação Requerida para Qualificação Jurídica; e Anexo V – Documentação Requerida para Qualificação Financeira). DOU de 16.11.2007.

- **RESOLUÇÃO ANP nº 39, de 13.11.2007** que aprova o **Regulamento ANP nº 9/2007** que define a periodicidade, a formatação e o conteúdo dos relatórios de investimentos locais realizados com as atividades de exploração e desenvolvimento da produção. Fazem parte da Resolução 39/2007 o Regulamento do Relatório de Investimentos Locais em Exploração e Desenvolvimento e seus anexos (Anexo I – Relatório de Investimentos em Exploração e Anexo II – Relatório de Investimentos em Desenvolvimento da Produção). DOU de 16.11.2007.

O primeiro, **Regulamento ANP nº 7/2007,** define os critérios e procedimentos para cadastramento e credenciamento de entidades para Certificação de Conteúdo Local. Ou seja, inicia a etapa de habilitação de certificadores; e o segundo, **Regulamento ANP nº 9/2007,** passa a exigir, relatórios de investimentos locais, para junto com o relatório de gastos da Portaria ANP 180/2003 para controlarem melhor as aquisições, investimentos e despesas das concessionárias.

Nenhum dos dois regulamentos[130] trouxe aos concessionários qualquer conforto quanto a controles, procedimentos ou apuração do Conteúdo Local, pelo simples fato de não terem dissecado todas as questões e dúvidas possíveis. E pior,

---

[130] Regulamentos nº 7/2007 e 9/2007.

a principal das regras, a que contém a cartilha[131] de Conteúdo Local não entrou em vigor,[132] apesar de ter sido, neste mesmo dia editada, tendo em vista que sua vigência tinha previsão de vigência em 150 (cento e cinquenta)[133] dias contados da data de sua publicação. Nas mesmas águas e no mesmo dia foi editada a Resolução ANP nº 38, de 13.11.2007 que aprova o Regulamento ANP nº 8/2007, respectivamente tratando do seguinte:

- **RESOLUÇÃO ANP nº 36, de 13.11.2007** que aprova o Regulamento ANP nº 6/2007 que define os critérios e procedimentos para execução das atividades de Certificação de Conteúdo Local. Fazem parte da Resolução 36/2007 o Regulamento de Certificação de Conteúdo Local e seus anexos (Anexo I – Certificado de Conteúdo Local; Anexo II – Relatório Trimestral de Certificação; e Anexo III – Cartilha de Conteúdo Local).

- **RESOLUÇÃO ANP nº 38, de 13.11.2007** que aprova o Regulamento ANP nº 8/2007 que define os critérios e procedimentos de Auditoria nas empresas de Certificação de Conteúdo Local de bens e serviços. Fazem parte da Resolução 38/2007 o Regulamento de Auditoria de Certificação de Conteúdo Local e seus anexos (Anexo I – Notificação de Início de Auditoria; Anexo II – Parecer de Auditoria; Anexo III – Termo de Advertência.

---

[131] Através da Resolução ANP Nº 36, DE 13.11.2007, que aprova o Regulamento ANP nº 6/2007.

[132] Para adoção imediata na 9ª Rodada.

[133] Foram prorrogados por mais 150 dias.

Se tomarmos as Resoluções como regramento de Conteúdo Local, estas resoluções teriam obrigatoriedade – apenas - a partir da sua publicação, na forma do artigo 5º, do Decreto nº 572, de 12 de junho de 1890.[134] Ainda que tivesse sido absorvido esse Decreto o mesmo princípio se encontra abrigado pela Lei de Introdução ao Código Civil. Assim, essas resoluções 36 e 38 só teriam qualquer valor legal a partir da 10ª Rodada de Licitações. Os prazos foram estendidos e o dia 11 de setembro de 2008 passou a ser uma data importante para fins de Conteúdo Local porque passou a determinar dois períodos distintos, a saber:

- Período **DECLARATÓRIO** de Conteúdo Local; e
- Período de **CERTIFICAÇÃO** do Conteúdo Local.

O período declaratório é aquele que a ANP aceita a declaração dos fornecedores das concessionárias, como sendo o documento probatório sobre o percentual de conteúdo local existente sobre o bem ou sobre o serviço. Como as regras são esparsas e as coisas começaram sem planejamento fica uma grande dúvida quanto à metodologia a ser utilizada pelos fornecedores para fornecer declaração, já que para eles não havia qualquer norma vigente; e para os concessionários a metodologia começou a ser exigida apenas em 2005, mas, sem qualquer Resolução contendo a Cartilha com a metodologia até 2007 (com validade a partir de 2008). É possível que os Concessionários tenham feito contratos com seus fornecedores impondo a observância da Cartilha, a partir de 2005, mas, se isso não foi feito, o critério mais justo é admitir os próprios critérios definidos pelos fornecedores, assumindo que eles se comprometeram adequadamente com seus clientes.

---

[134] DINIZ, Maria Helena. Lei de Introdução ao Código Civil Brasileira interpretada, 7ª Edição, Saraiva, São Paulo, 2001, p.61.

Segue um modelo que pode ser usado – como regra – para todos os fornecedores fornecerem como declaração, a ser entregue juntamente com cada documento fiscal, caso não tenham certificado seus processos:

MODELO DE DECLARAÇÃO DE CONTEÚDO LOCAL

DECLARAÇÃO DE CONTEÚDO LOCAL
Bloco _____ (ou CONTRATO DE CONCESSÃO
N° _____)

(Nome da Empresa) doravante denominada _____, pela presente apresenta a sua DECLARAÇÃO DE CONTEÚDO LOCAL, de acordo com Edital de Licitação (ou contrato de concessão n° ABC 000XXX/200_ firmado com a _____(nome da concessionária ou operadora).

A signatária DECLARA para os devidos fins que, em conformidade com as definições abaixo, o Conteúdo Local será considerado e controlado (até a entrega do bem ou durante a execução do serviço).

A signatária DECLARA também que o seu conteúdo local é {____}% e que seus bens ou serviços, que podem ser considerados produzidos/desenvolvidos no Brasil (ou parcialmente produzidos/realizados no Brasil).[135]

Rio de Janeiro, ___th de _____, 20__

_____
(Nome da Empresa)
(Diretor ou procurador)

---

[135] Querendo, a signatária pode incorporar definições contidas na Cartilha da ANP..

Segue a versão da DECLARAÇÃO em inglês:

LOCAL CONTENT DECLARATION
_____ BLOCK (OR # CONCESSION AGREEMENT Nº _____)

{Name of the Company} herein called {Initials of Supplier}, presents its Local Content Declaration, according to the Invitation to Tender nº ABC 000XXX/200_ from {Oil Company}, herein called {Initials of Oil Company}.

{Initials of Supplier} declares for the due ends that in accordance with the definitions below, the Local Content Regulation will be considered and followed during the performance of the service.

{Initials of Supplier} also declares that its Local Content is {____}% and that its services can be considered {Service Performed in Brazil} {or partially Performed in Brazil}.

Definition of ANP's Local Content
{Insert the definition related to the supplier activities. Ex. "Service Performed in Brazil means, with exception of the financial ones, all services related to rentals, commercial rental, leasing and similar, used in Operations, acquired direct or indirectly with the companies constituted under Brazilian laws and that dispose to the knowledge and the appropriate ways and means for the services performed, since the value of the materials and foreign services incorpored to it do not exceed 20% of the selling price, excluding the taxes."}

Rio de Janeiro, ___th of _____, 20__

_____
{Name of the Company}
{Director or Attorney}

É fundamental lembrar que os contratos firmados antes de 11 de setembro de 2008 podem produzir declarações com data posterior a 11 de setembro. Todos os contratos entre concessionárias de Petróleo e fornecedores, firmados a partir de 11 de setembro de 2008, devem conter cláusulas que obriguem o fornecedor a buscar a certificação de seus produtos.

6.5 Modelo de cláusula de Conteúdo Local para contratos dos concessionários com fornecedores.

Segue um modelo internacional de cláusula de Conteúdo Local para contratos dos concessionários com fornecedores:[136]

MODELO DE CLÁUSULA DE CONTEÚDO LOCAL PARA CONCESSIONÁRIOS

X. Local Content Clause

X.1 CONTRACTOR shall provide its services {or goods} considering the minimum percentage of the Brazilian Local Content as ____ % for {description of service, acquisition, goods, etc..} and processing services (at least __% for _____ and ___% for processing services, respectively).

X.2 The COMPANY will consider the Local Content based on ANP criteria, considering the __th Brazilian Bid Round. For such purpose, CONTRACTOR shall provide "certificates of Local Content" and will inform the percentage of Local Content on each invoice.

X.3 Referring to this article, Local Content in the Phase of Exploration, means the expressed proportion as a percentage among: (i) the sum of the

---

[136] Modelo apresentado pelo autor no Grupo de Trabalho de Conteúdo Local do IBP, em 2008.

values of the Goods of National Production and of the Services Rendered in Brazil, acquired, direct or indirectly, for the COMPANY (as ANP's Concessionaire), related to relative investments to the Operations of Exploration in the Area of the Concession and (ii) the sum of the values of the goods and of the services, acquired, direct or indirectly for the COMPANY (as ANP's Concessionaire), related to relative investments to the Operations of Exploration in the Area of the Concession;

X.4 The non observance by CONTRACTOR of the commitment of Local Content should be communicated to the COMPANY, in the beginning of the services rendered and/or in the acquisition of goods, equipments or systems, containing the justification of the non execution of the commitment minimum percentage of Brazilian Local Content, indicating their suppliers that were contacted and guests for the acquisition or services rendered, if applicable. In the hypothesis of the justification not to be reasonable and if the COMPANY comes to suffer penalties from ANP, the CONTRACTOR commits to arch and pay proportionally the current damages of the non-compliance.

X.5 Referring to this article, the CONTRACTOR knows that the issue Local Content can be found at ANP's site (*http://www.anp.gov.br/*) reason that cannot never allege ignorance of the theme.

X.6 CONTRACTOR hereby agrees to obtain the appropriate LC certificate to be issued by entities accredited by ANP ("Agência Nacional do Petróleo, Gás Natural e Biocombustíveis"), according to the rules and requirements set forth in the respective Concession Agreement(s) and other rules of the ANP and/or Brazilian Government, as indicated by COMPANY and CONTRACTOR shall keep in its files, for the time required by COMPANY, all records, including contracts, invoices, books, certificates, papers and registries related to the accomplishment of the Local Content by CONTRACTOR. Notwithstanding the foregoing, CONTRACTOR shall not destroy any of such documentation related to the Local Content, unless COMPANY have previously approved it.[137]

X.7 In the event of CONTRACTOR'S failure with respect to the obligations assumed in this agreement, CONTRACTOR agrees to indemnify COMPANY from any fines, penalties and damages that may be imposes to COMPANY by ANP or applicable law by virtue of the respective concession agreement executed by and between COMPANY and ANP. In addition to the indemnification rights established herein CONTRACTOR shall pay to COMPANY liquidated damages equivalent to the amount of the non-accomplished Local Content obligation, but limited in this case to 100% (one hundred percent) of the price of this contract.

Como a maioria dos contratos internacionais de petróleo segue o modelo *"common law"* de contratos, onde as definições também são incorporadas ao texto do contrato, mesmo havendo as definições nos contratos com a ANP e em alguns glossários, sugerimos a inclusão nos contratos das seguinte de-

---

[137] Nos contratos anteriores à 7ª Rodada, a sugestão da redação da cláusula X.6 seria descrita da seguinte forma: "X.6 For a minimum of ten (10) years from the Effective Date of this Agreement, CONTRACTOR shall maintain the respective documentation used to calculate the Brazilian Local Content in its archives as confidential information. In the event CONTRACTOR is required to produce additional certification beyond the "certificate of Local Content" to the ANP, CONTRACTOR, upon COMPANY's written request, will make the respective documentation available to the ANP for the sole purpose of certifying compliance of the Brazilian Local Content based on CONTRACTOR interpretation methodology of the criteria specified at ANP Standard Contract of __ th Brazilian Bid Round."

finições (mesmo em países como o Brasil que adotam o direito positivo):

"Nationally Produced Goods" means all machinery or equipment, including replacement parts, items and components utilized in Operations where the value of the foreign components and services incorporated does not exceed 40% (forty percent) of the price indicated in the bill of sale, excluding from the value of all foreign components and goods acquired all taxes except for import duties.

"Service Supplied in Brazil" means services, excluding financial, of any kind including rentals, leasing and similar services, used in Operations and procured directly or indirectly in conjunction with Brazilian companies which evidence adequate knowledge and capacity with respect to such services, where the value of incorporated foreign components and services does not exceed 20% (twenty percent) of the sales price, excluding taxes.

"Brazilian Supplier" means any seller or supplier of Nationally Produced Goods or Services Supplied in Brazil."

6.6 Bens não especificados na Cartilha

No capítulo 6.5 não incluímos os bens de produção, que os leigos chamam de "consumíveis". Na verdade, em nenhum lugar está descrito o tratamento que se quer dar aos bens de produção, descritos no Regulamento do IPI[138]. É certo que a lista dos bens de produção inclui as matérias-primas; as ferramentas, empregadas no processo industrial; e as máquinas, instrumentos, aparelhos e equipamentos, inclusive suas peças, partes e outros componentes, que se destinem a emprego no

---

[138] BRASIL, Decreto nº 4.544, de 26 de dezembro de 2002, art. 519.

processo industrial. Mas, escapou da regulamentação, das cartilhas e de qualquer controle os produtos intermediários, inclusive os que, embora não integrando o produto final, sejam consumidos ou utilizados no processo industrial. Esses são bens de produção na forma do artigo 519 do Regulamento do Imposto sobre Produtos Industrializados – IPI.[139] Do mesmo modo, toda a indústria sofre, especialmente, na fase de exploração, enquanto não tem produção com o conceito de material de consumo, com o conceito de produtos intermediários que podem ou não se caracterizar como bens do imobilizado ou até mesmo integrantes do processo produtivo, já que quando o poço se torna comercialmente interessante, tudo que foi consumido no processo teria direito a créditos de impostos.

Muitos itens, não especificados em cartilhas, são objetos de dúvida. *Diesel* pode ser Conteúdo Local? E quando parte dele é importada? Isso vai depender da regra da rodada em que ele foi utilizado? E as micro-esferas de plástico[140] que são misturadas para fazer *cementing*[141] junto com próprio cimento, podem ser consideradas Conteúdo Local? E se a quantidade de cimento foi muito superior ao de esferas, como ficaria o Conteúdo Local das esferas, se elas forem importadas? O Cálculo é em separado ou eu posso incluir o Cimento e seus aditivos como uma coisa só?

Pobres controladores de Conteúdo Local. Agora, como não há qualquer orientação da Autarquia sobre isso,[142] como, então, um Estado da Federação poderia tratar tais produtos em sede de autorizar o crédito de ICMS de um "consumível"? Difícil é a resposta para o Estado e mais difícil ainda é o controle do contribuinte.

---

[139] Idem.

[140] *Cement additives* – No caso são sólidos para a redução do peso.

[141] Cimentação. Trata-se de uma coluna de revestimento que é assentada no poço para evitar que o mesmo desmorone ou haja fraturamento da formação.

[142] No final da redação desta obra, após um evento promovido pela própria ANP em parceria com a ABPIP, ONIP e IBP, em 15/10/2009, a ANP começou a emitir "Informes CCL". Veja o Anexo deste livro na página 198.

"As pessoas, assim com as crianças, precisam mais de exemplos do que de conselhos"

Abraham Lincoln

7
Critérios de Julgamento das Rodadas de Licitação da ANP

O julgamento das ofertas na licitação de blocos exploratórios requer por parte dos partícipes a apresentação de suas ofertas através do Bônus de Assinatura, do PEM – Programa Exploratório Mínimo e do Conteúdo Local.[143] O critério se mantém assim desde a 5ª Rodada de Licitações até a presente data,[144] com peso da seguinte maneira:

- O Bônus de Assinatura, com peso de 40% no cálculo da nota final.
- O Conteúdo Local (CL), com peso de 20% no cálculo da nota final (sendo 5% para a Fase de Exploração e 15% para a Etapa de Desenvolvimento da Produção).
- O Programa Exploratório Mínimo (PEM), com peso de 40% no cálculo da nota final.

---

[143] Querendo, veja no capítulo 6.2 as cláusulas 4.7.1 a 4.7.4 do Edital da 5ª Rodada, para fins de análise (mais detalhada) dos critérios de julgamento.

[144] Anteriormente os critérios de julgamento eram Bônus de assinatura (85%) e Conteúdo Local (15%).

Ou seja:

- 40%   Bônus de Assinatura
- 40%   Programa Exploratório Mínimo (PEM)
- 5%   Conteúdo Local – Exploração
- <u>15%</u>   Conteúdo Local – Desenvolvimento
- 100%   Total

O partícipe[145] que alcançar a maior nota no somatório dos três critérios é declarado o vencedor. Existem regras, tais como (i) nenhuma empresa poderá fazer mais de uma oferta para um mesmo Bloco, seja individualmente ou em consórcio; (ii) todas as ofertas que envolvam a mesma empresa, no mesmo Bloco, serão impugnadas pela Comissão Especial de Licitação. Tal limitação é estendida também para suas Afiliadas; (iii) a Comissão Especial de Licitação – CEL verificará o preenchimento dos envelopes/GEOF[146] e seus documentos inclusos, podendo, a seu exclusivo critério, solicitar correções pertinentes. (iv) os envelopes contendo as ofertas serão abertos imediatamente após o encerramento do prazo para a sua apresentação e serão analisados pela Comissão Especial de Licitação.

A oferta vencedora de cada bloco em determinado setor será conhecida antes da abertura do processo de apresentação de ofertas para o setor seguinte. Todo o processo é público e efetuado de maneira transparente, de modo que não ocorram vícios de forma e a licitação possa ser considerada legal. Como a maioria das normas sobre a licitação não estão dispostas na própria Lei do Petróleo é por isso que se diz que a Lei de Licitações (L. 8.666/93) atua subsidiariamente. É nela que verificamos os prazos de publicação, entre outros procedimentos.

---

[145] Leia-se concessionário ou consórcio de empresas.

[146] Geof – Programa gerador das ofertas, instituído a partir da 10ª Rodada de Licitações.

Considerando o número de 100 pontos como o máximo a ser alcançado, a nota final a ser atribuída a um vencedor será composta por quatro parcelas, calculadas pelo seguinte modo:

Bônus de Assinatura =

$$\text{NOTA 1} = 40 \left(\frac{\text{Bônus ofertado em reais}}{\text{Maior Bônus ofertado em reais}} \right)$$

Conteúdo Local (exploração) =

$$\text{NOTA 2} = 5 \left(\frac{\text{CL(\%) ofertado na Exploração}}{\text{Maior CL(\%) ofertado na Exploração}} \right)$$

CL (desenvolvimento) =

$$\text{NOTA 3} = 5 \left(\frac{\text{CL(\%) ofertado no Desenvolvimento}}{\text{Maior CL(\%) ofertado no Desenvolvimento}} \right)$$

PEM =

$$\text{NOTA 4} = 40 \left(\frac{\text{PEM ofertado em UTs}}{\text{Maior PEM ofertado em UTs}} \right)$$

A nota final é verificada pelo somatório das quatro notas:

NOTA 1 + NOTA 2 + NOTA 3 + NOTA 4 = NOTA FINAL

O Conteúdo Local possui uma parte que é exigida na fase de exploração e outra parte é exigida na fase de desenvolvimento/produção. Atualmente o Conteúdo Local tem o peso de 20% sobre o total do lance do leilão sendo que dos 20%, o percentual de 15% é exigido para a fase de desenvolvimento e 5% é exigido para a fase de exploração. Veja a evolução desses percentuais no Tempo:

Conteúdo Local

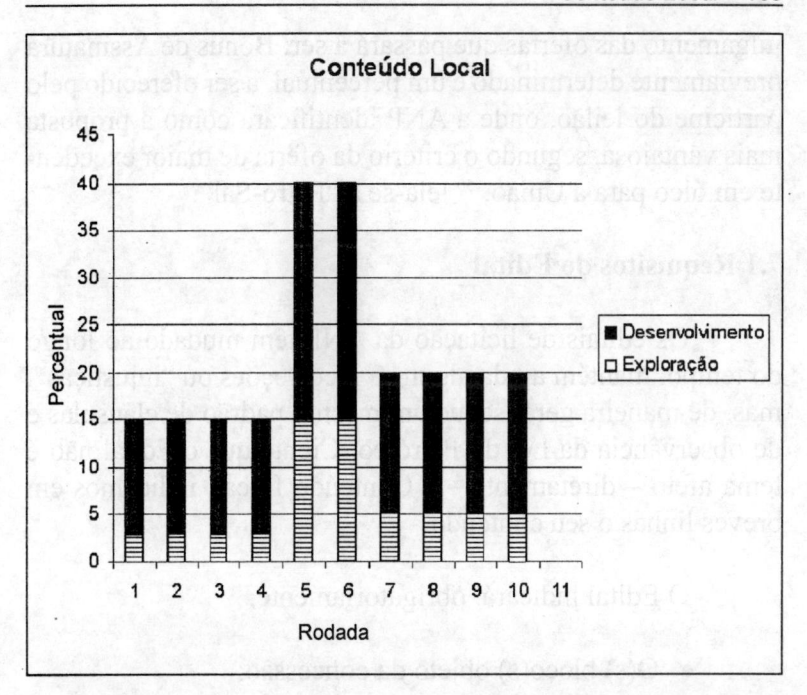

[Gráfico de barras: Conteúdo Local — Percentual (eixo Y, 0 a 45) por Rodada (eixo X, 1 a 11), com barras para Desenvolvimento e Exploração]

Fonte: própria

É prudente destacar que, recentemente,[147] o Governo Federal enviou ao Congresso Nacional os Projetos de Lei nº 5.938/09,[148] que trata dos contratos de partilha da produção na área do Pré-Sal, entre outros projetos de Lei que montam o "pacote do Pré-Sal" (PL 5.939/09, que cria a PETRO-SAL; PL 5.940/09,[149] que cria o Fundo Social (FS); e o PL 5.941/09, que dá exclusividade à Petrobras, sem licitação, de exercer as atividades do Monopólio). O PL nº 5.938/09, se aprovado na sua forma original, acaba com o Conteúdo Local como critério de

---

[147] "Cerimônia de Apresentação da Proposta de Modelo Regulatório do Pré-Sal", realizada no dia 31 de agosto de 2009, no Auditório Master do Centro de Convenções Ulysses Guimarães, em Brasília.

[148] O projeto foi apensado ao PL 2.502/2007, que prever a possibilidade de adoção de contrato de partilha e a este estão também apensados os PLs 4.290/08 e 4.565/08.

[149] O projeto foi apensado ao PL 5.417/09, que cria o Fundo Soberano.

julgamento das ofertas que passará a ser: Bônus de Assinatura previamente determinado e um percentual, a ser oferecido pelo partícipe do leilão, onde a ANP identificará como a proposta mais vantajosa, segundo o critério da oferta de maior excedente em óleo para a União,[150] leia-se a "Petro-Sal".

7.1 Requisitos do Edital

Os editais de licitação da ANP têm mudado ao longo do tempo, mantém ainda algumas incorreções ou "injustiças", mas, de maneira geral segue um mesmo padrão de cláusulas e de observância da Lei do Petróleo. Ciente que o Edital não é tema afeto – diretamente – à Conteúdo Local, indicamos em breves linhas o seu conteúdo.

O Edital indicará, obrigatoriamente:

- O(s) bloco(s) objeto da concessão;
- prazo[151] estimado para a duração da fase de exploração,
- Os investimentos e programas exploratórios mínimos;
- Os requisitos exigidos dos concorrentes,
- Os critérios de pré-qualificação;
- As participações governamentais mínimas;
- A participação dos superficiários;[152]
- A relação de documentos exigidos para participar dos leilões;
- Os critérios a serem seguidos para aferição da capacidade técnica;
- Prova de idoneidade financeira.

---

[150] Artigo 18 do PL nº 5.938/09.

[151] Estimado pela ANP, em função do nível de informações disponíveis, das características e da localização de cada bloco.

[152] O dono do solo, art. 52 da Lei do Petróleo.

- Prova da regularidade jurídica dos interessados;
- Prova de habilitação técnica (Empresas classificadas como Operadoras A, B ou C);
- Prova de capacidade econômico-financeira.

Todas as empresas, que pretendam participar, operadoras ou não, deverão se qualificar na ANP para fins de habilitação nos leilões e, caso pretendam ofertar em consórcio,[153] as mesmas deverão cumprir as seguintes exigências legais:

- Comprovação de compromisso de constituição do consórcio, firmado por todas as consorciadas;
- Indicação da empresa líder (operadora), responsável pelo consórcio e pela condução das operações;
- Apresentação, por parte de cada uma das empresas consorciadas, dos documentos exigidos para efeito de avaliação da qualificação técnica e econômico--financeira do consórcio;
- Proibição de participação de uma mesma empresa em outro consórcio, ou isoladamente, na licitação de um mesmo bloco;
- Outorga de concessão ao consórcio vencedor da licitação condicionada ao registro do instrumento constitutivo do consórcio, na Junta Comercial de sua sede, devendo a certidão do arquivamento ser publicada.

As empresas estrangeiras, consideradas as empresas com sede em outro país, que concorrerem sozinhas ou em consórcio, deverão ainda apresentar durante a fase de habilitação junto à ANP o seguinte:

- Prova de capacidade técnica;
- Idoneidade financeira;

---

[153] Os consórcios devem observar – a princípio – as questões tributárias especificadas na IN RFB nº 834, de 26 de março de 2008.

- Regularidade jurídica e fiscal;
- Inteiro teor dos atos constitutivos;
- Prova de encontrar-se organizada e em funcionamento regular, conforme a lei de seu país;
- Designar representante legal junto à ANP, chamado de "representante credenciado", com poderes especiais para a prática de atos e assunção de responsabilidades relativamente à licitação e à proposta apresentada;
- Firmar compromisso de, caso vencedora, constituir uma empresa segundo as leis brasileiras, com sede e administração no Brasil.

Com relação à constituição de uma empresa brasileira, a empresa estrangeira que participar das rodadas da ANP têm que apresentar Garantias de Performance do contrato de concessão. As Garantias de Performance sempre são apresentadas caso a empresa ou consórcio vencedor assine o Contrato de Concessão através de uma Afiliada no Brasil ou empresa brasileira criada para esse fim específico. Fato é que a Lei do Petróleo (art. 39, IV) exige que o contrato seja assinado por uma empresa brasileira, constituída para esse fim, *in verbis*:

> "Art. 39. O edital conterá a exigência de que a empresa estrangeira que concorrer isoladamente ou em consórcio deverá apresentar, juntamente com sua proposta e em envelope separado:
> (...)
> IV – compromisso de, caso vencedora, constituir empresa segundo as leis brasileiras, com sede e administração no Brasil".

A Garantia de Performance funciona como uma "garantia da empresa-mãe". Não há valores envolvidos, pré-definidos, há apenas o compromisso da Matriz / Controladora que, como "Garantidora", irá honrar qualquer falta da afiliada, em caráter incondicional e irrevogável, como devedor principal, para o cumprimento devido e pontual de todas as obrigações da Garantida em razão do Contrato ou com ele conexos.

Todos os atos em língua estrangeira apresentados à ANP deverão estar vertidos para o português[154] através de tradução juramentada. Alguns documentos, especialmente, os não exigidos por lei, podem ser entregues na língua original. Contudo, é orientação da Procuradoria da Agência procurar receber documentos com tradução juramentada.

Apenas para complementar o processo de qualificação vale a pena comentar sobre o julgamento da licitação, que terá por base a proposta mais vantajosa, segundo critérios objetivos, estabelecidos no edital, com fiel observância dos princípios da legalidade, impessoalidade, moralidade, publicidade e igualdade entre os concorrentes. E, ainda, se a Petrobras concorrer sozinha, ou seja, desde que na oferta não esteja consorciada a ninguém, em caso de empate com outras empresas, ela será declarada vencedora.[155]

---

[154] BRASIL. Constituição Federal – Art. 13. "A língua portuguesa é o idioma oficial da República Federativa do Brasil."

[155] Na forma do artigo 42 da Lei do Petróleo.

"Se viver não é fácil, conviver
é um desafio permanente."
Jorge Amado

8
A qualificação das companhias de *Oil & Gas* no processo de licitação

O primeiro passo para uma empresa nacional ou internacional se habilitar no processo de licitação de petróleo e gás, promovido pela Agência Nacional do Petróleo, Gás Natural e Biocombustíveis – ANP, é conhecer o edital da licitação que está sempre acompanhado da minuta básica do respectivo contrato. O processo atual de qualificação é o que nos interessa descrever, para que se possa licitar e, havendo oferta vencedora, cumprir o Conteúdo Local.

Por não se tratar de tema que se refira diretamente a Conteúdo Local, resumidamente, podemos dizer que o processo de qualificação se inicia com a habilitação, sempre nova (renovada), a cada rodada de licitação, com os seguintes requisitos:

- Envio da carta de apresentação, manifestando interesse em participar do processo.
- Envio dos seguintes documentos:
- Procuração nomeando um 'Representante Credenciado"[156]

---

[156] Os interessados devem preencher um modelo de procuração anexo à minuta do Edital, que deve ser assinado pelo(s) Representante(s)

- Carta de apresentação, firmada pelo(s) Representante(s) Credenciado(s) da empresa junto à ANP, contendo:
- Atestado de veracidade, precisão e fidelidade das informações apresentadas;
- Nome da(s) empresa(s) e da(s) pessoa(s) que detenha(m) o seu controle ou mais de 20% do capital votante;
- Nome(s), cargo(s), endereço(s) completo(s), telefone(s), fax e correio(s) eletrônico(s) do(s) Representante(s) Credenciado(s);
- Manifestar o interesse em qual modalidade desejam se qualificar.[157]
- Termo de Confidencialidade, na forma exigida pelo modelo descrito em cada edital de cada rodada de licitações;
- Estatuto Social ou Contrato Social.
- Qualificação técnica, jurídica e financeira.
- Comprovante do pagamento da taxa de participação.
- Regularidade Fiscal perante a Administração Pública Federal, se empresa com sede no Brasil.

Credenciado(s), nomeados no referido instrumento pelo Representante Legal da empresa. O edital orienta e aconselha que os "Representantes Credenciados" sejam funcionários familiarizados com os aspectos técnicos, financeiros e jurídicos da empresa e que estejam disponíveis durante todo o processo licitatório, para poder cumprir exigências, solicitações e informações que lhe serão enviadas pela ANP, no menor tempo possível.

[157] Se o Operador é classificado como A, B ou C ou se é considerado não-operador.

Além dos documentos formais a serem apresentados, basicamente, para serem consideradas habilitadas as candidatas deverão ter três qualificações essenciais, a saber:

- Qualificação técnica;
- Qualificação jurídica; e
- Qualificação financeira.

A Qualificação técnica é baseada nas respectivas experiências comprovadas em atividades de exploração e produção de petróleo e gás natural, pelo mundo. A empresa poderá solicitar sua qualificação técnica como Operadora ou Não-Operadora. Na maioria dos casos as candidatas podem fazer uma "carta resumo" com informações concisas, claras, objetivas relatando a experiência nacional e internacional da manifestante. Em todos os casos, a ANP poderá exercer o direito de requerer informações adicionais que julgar necessárias para complementar a qualificação requerida.

A qualificação técnica será ratificada pela ANP e a empresa deverá se habilitar no processo de acordo com a seguinte classificação:

Operadora "A"	Qualificada para operar em qualquer bloco oferecido na Rodada de Licitações, desde águas profundas até blocos em terra.
Operadora "B"	Qualificada para operar nos blocos situados em Águas Rasas e em Terra.
Operadora "C"	Qualificada para operar nos blocos situados em Terra.
Não-Operadora	Qualificada para não operar, onde participará apenas como consorciada.

As empresas que se qualificarem como Operadoras deverão fornecer um sumário técnico,[158] firmado por Repre-

---

[158] Devidamente notarizado e consularizado, se produzido em língua estrangeira.

sentante Credenciado, com todas as informações necessárias à avaliação de sua capacidade técnica incluindo informações sobre os locais onde realiza atualmente atividades de exploração e/ou produção de petróleo e gás natural no mundo, bem como deverá informar os níveis de investimentos, separados por exploração e produção, e dos volumes de produção dos últimos cinco anos.

A Qualificação Jurídica se dá pela apresentação, tempestiva, dos seguintes documentos:

a) Empresas com sede no Brasil:

- Parecer Legal[159] detalhando a cadeia de controle societária existente entre a matriz ou empresa controladora e a requerente;
- Apresentação dos documentos e informações requeridos na Manifestação de Interesse;
- Declaração expressa do(s) Representante(s) Credenciado(s) da empresa a respeito de toda pendência legal ou judicial relevante, incluindo aquelas que poderão acarretar insolvência, recuperação judicial, falência, ou qualquer outro evento que possa afetar a idoneidade financeira da empresa;
- Firmar compromisso de adequação do objeto social da empresa às atividades de exploração e produção de petróleo e gás natural, em caso de ser vencedora;
- Regularidade fiscal, se empresa brasileira, juntando os seguintes comprovantes;
- Certidão Conjunta Negativa de Débitos relativos a Tributos Federais e à Dívida Ativa da União a cargo da Procuradoria-Geral da Fazenda Nacional (PGFN);
- Certidão de Regularidade do Fundo de Garantia do Tempo de Serviço FGTS;

---

[159] Pode ser firmado pelo Representante Credenciado ou pode ser substituído por um organograma que faça as informações necessárias e requeridas.

- Certidão de Regularidade perante a seguridade social (INSS); e
- Prova de inscrição no CNPJ.[160]

b) Empresas sediadas no exterior:

- Parecer Legal[161] detalhando a cadeia de controle societária existente entre a matriz ou empresa controladora e a requerente;
- Apresentação dos documentos e informações requeridos na Manifestação de Interesse;
- Declaração expressa do(s) Representante(s) Credenciado(s) da empresa a respeito de toda pendência legal ou judicial relevante, incluindo aquelas que poderão acarretar insolvência, recuperação judicial, falência, ou qualquer outro evento que possa afetar a idoneidade financeira da empresa;
- Firmar compromisso de adequação do objeto social da empresa às atividades de exploração e produção de petróleo e gás natural, em caso de ser vencedora;
- Comprovação de que a empresa encontra-se organizada e em regular funcionamento, de acordo com as leis do seu país; e
- Compromisso, em sendo caso vencedora, de constituir empresa segundo as leis brasileiras, com sede e administração no Brasil, ou, se já existente, indicar o nome e o CNPJ da empresa brasileira já constituída para esse fim, neste caso, apresentando uma Garantia de Performance e demais documentos relativos à empresa-mãe ou matriz.

---

[160] Pode ser emitida pela internet através do site http://www.receita.fazenda.gov.br/

[161] Pode ser firmado pelo Representante Credenciado ou pode ser substituído por um organograma que faça as informações necessárias e requeridas.

A empresa estrangeira não precisa ter Regularidade fiscal porque ela não é devedora de tributos no Brasil. Em contrapartida, ela apresenta a garantia de performance, já comentada no capítulo anterior.

A qualificação financeira será avaliada por critérios estabelecidos pela ANP. Contudo, devem as empresas manifestantes apresentar o Relatório da Administração, Demonstrações Financeiras Consolidadas e Parecer dos Auditores independentes[162] referentes aos três últimos anos.

As Demonstrações financeiras consolidadas devem incluir: Balanço Patrimonial, Demonstração do Resultado dos Exercícios, Demonstração das Origens e Aplicações de Recursos, Demonstrações das Mutações do Patrimônio Líquido e Notas Explicativas.

As Demonstrações das Mutações do Patrimônio Líquido podem ser substituídas pela Demonstração dos Lucros ou Prejuízos Acumulados nas empresas de capital fechado.

As empresas estrangeiras deverão apresentar todas as demonstrações financeiras traduzidas para o português por tradutor juramentado, e caso sejam notarizadas[163] no exterior, também devem ser consularizadas.[164]

As empresas em processo de qualificação deverão apresentar também os seguintes documentos:

- Referência bancária – elaborada pela instituição financeira, apresentando o histórico e atestando o bom relacionamento da empresa junto ao banco.
- Declaração de Obrigações relevantes – Carta informando a descrição de todo o passivo contingente constituído por obrigações materialmente relevantes

---

[162] Nos casos específicos que as demonstrações financeiras não possuam parecer de auditor independente, devem apresentar, no mínimo, demonstrativos financeiros, elaborados por um contador habilitado e credenciado.

[163] Reconhecimento da firma de quem assinou o documento.

[164] Recebimento do visto consular da Embaixada Brasileira existente no país onde o documento foi firmado e reconhecido sua firma, como autêntico.

e identificáveis, não-provisionadas no Balanço Patrimonial que possam vir a afetar as atividades futuras da empresa.
- Detalhamento do planejamento de médio prazo – carta detalhando o planejamento de médio prazo, caso estes possam alterar significativamente a situação financeira da empresa.
- Garantias financeiras e garantias de performance, caso vencedora.
- Comprovar patrimônio mínimo, para ser declarada empresa Operadora A, B ou C, sendo C o patrimônio líquido de até um milhão de Reais; B o patrimônio líquido maior ou igual a vinte milhões de reais e A deverá ter o patrimônio líquido maior ou igual a vinte e dois milhões de reais.[165]

Condições para apresentações dos documentos:

- Todos os documentos deverão ser apresentados em duas vias, que podem ser duas vias originais ou uma via original e uma cópia autenticada.
- Documentos estrangeiros devem ser notarizados[166] em cartório local (do país), ou instituição equivalente e, posteriormente, consularizada[167] em repartição diplomática brasileira no país de emissão. Caso tenha redação em língua estrangeira, deverá ser traduzida para o português por tradutor juramentado.
- Nenhuma documentação submetida à ANP será devolvida, com exceção dos documentos necessários ao cancelamento das Garantias de Oferta.

---

[165] Valores até a nona rodada de licitações.

[166] Reconhecimento da firma de quem assinou o documento.

[167] Recebimento do visto consular da Embaixada Brasileira existente no país onde o documento foi firmado e reconhecido sua firma, como autêntico.

Importante destacar que toda a documentação exigida para habilitação deve se referir à empresa que cumpra todas as qualificações (técnica, jurídica e financeira), em geral, se não for empresa brasileira, a controladora ou matriz que, em caso de vencedora, poderá designar uma Afiliada (com sede do Brasil) para assinatura do Contrato de Concessão.[168]

As dificuldades da indústria e dos fornecedores no cumprimento das normas atuais recai, muitas vezes em burocracias e exigências que são obtidas em diversos lugares diferentes e requerem muito tempo para serem conseguidas. Com o fito de ajudar o investidor a conhecer um pouco mais da burocracia brasileira apresenta-se abaixo uma série de certificados e documentos que são exigidos, em regra, no Brasil, nas relações empresariais:

01. Contrato Social ou Estatuto (data da última alteração)
02. Cadastro Nacional de Pessoa Jurídica – CNPJ
03. Alvará /Licença de Funcionamento
04. Inscrição na Fazenda Estadual (se aplicável)
05. Inscrição na Fazenda Municipal (se aplicável)
06. Certidão de Regularidade com a Fazenda Federal
07. Dívida Ativa da União (não aplicável, se for conjunta com a CND Federal)
08. Certidão de Regularidade com a Fazenda Estadual (se aplicável)
09. Certidão de Regularidade com a Fazenda Municipal (se aplicável)
10. Certidão de Regularidade com o FGTS
11. Certidão de Regularidade com o INSS

---

[168] Se a empresa já constituída no Brasil for de porte e já estiver operando, a mesma poderá se habilitar no processo, apenas juntando qualificações técnicas da Matriz e garantias de performance. Os demais documentos serão apresentados pela empresa local, caso se julgue Operadora, na forma desenhada pela ANP.

12. Balanço Patrimonial (identificar pela data do último exercício social)
13. Declaração que não se encontra em Recuperação Judicial, Extrajudicial ou Falência.
14. Declaração de que não emprega menores de 18 anos em trabalhos noturnos, insalubres ou perigosos e que não emprega menores de 16 anos.
15. Cópia da Carteira de Identidade e do CPF dos administradores ou procuradores.
16. Procuração (não sendo o próprio).

Várias informações acima não fazem parte do objeto do presente trabalho, mas, servem para demonstrar, ou ao menos consignar, dificuldades operacionais e burocracias para o exercício da atividade empresarial. Um alerta, aos desavisados, é que pesquisas apontam para o fato de que para abrir uma empresa no Brasil se leva em media 152 dias.[169] Portanto, é preciso planejamento adequado para não perder o prazo para assinatura do contrato de concessão, caso seja a empresa habilitada uma nova entrante, de origem estrangeira.

---

[169] Segundo dados do Banco Mundial, divulgados pelo Ministro do Desenvolvimento, Indústria e Comércio Exterior, Luiz Fernando Furlan, na Comissão de Desenvolvimento Econômico, Indústria e Comércio da Câmara, em 2006.

> "Loucura é continuar fazendo o mesmo
> e esperar resultados diferentes"
> *Albert Einstein*

9
A planilha de oferta de Conteúdo Local para as Concessionárias e Consorciadas da ANP

No processo licitatório, as empresas habilitadas até a 9ª Rodada de Licitações baixavam pela Internet uma planilha que gerava a oferta de Conteúdo Local. Na impossibilidade de fazer o *download*, o interessado poderia solicitar na própria ANP um disquete contendo a planilha em Excel.

Dentro da planilha existiam duas pastas. A pasta da planilha chamada "principal" e a pasta da planilha de "valores dos percentuais a serem oferecidos".

Excluindo os novos procedimentos adotados a partir da 10ª Rodada, temos que os valores são adequados entre os valores máximos e mínimos exigidos no Edital e serão esses os valores usados para avaliar o peso da oferta na licitação, juntamente com o PEM (Programa Exploratório Mínimo) e o Bônus de Assinatura.

Depois de preenchido, o arquivo deve ser impresso e salvo. A versão impressa deve ser assinada por um dos representantes credenciados e colocada no envelope, que servirá de oferta, juntamente com uma cópia gravada em disquete.

Os percentuais inferiores ao mínimo não serão aceitos pela própria planilha, que acusará o erro; e percentuais acima do máximo poderão ser acatados pela planilha, mas, não serão considerados como uma vantagem competitiva, pois, serão pontuados até o valor máximo permitido, da Tabela 4, do Edital, para fins de licitação do bloco a ser licitado.

Como exemplo, destacamos a seguir um modelo de planilha para a composição de Conteúdo Local, para águas profundas (mais de 400 metros) para avaliação (no primeiro bloco) de Perfuração, Avaliação e Completação na fase de Exploração e (no segundo bloco) avaliação de sistemas auxiliares da fase de Exploração:

Observações	SETOR:		BLOCO:	
ÁGUAS PROFUNDAS > 400 metros				
Obs 1: Na composição do CL médio para Perfuração, Avaliação e Completação na fase de Exploração, devem ser considerados os seguintes sub-itens:				
Equipamentos	Peso do subitem no custo do item (%)	CL ofertado no subitem (%)	CL mínimo (%)	CL ofertado no item (%)
Cabeça de Poço	4	50	45	
Revestimento	10	85	80	
Coluna de Produção	13	85	80	51
Equipamentos do Poço	70	42	30	
Brocas	3	10	5	
Total do item	100			

Obs 2: Na composição dos sistemas auxiliares da fase de Exploração devem ser considerados os seguintes sub-itens:				
Equipamentos	Peso do subitem no custo do item (%)	CL ofertado no subitem (%)	CL mínimo (%)	CL ofertado no item (%)
Sistema Elétrico	75	60	60	
Sistema de Automação	0	60	60	
Sistema de Telecomunicações	25	40	40	55
Sistema de Medição Fiscal	0	60	60	
Instrumentação de Campo	0	40	40	
Total do item	100			

O que temos acima são dois blocos onde na primeira coluna de cada bloco temos o nome dos "equipamentos" e na segunda coluna temos o "peso do subitem no custo do item (%)" no custo de cada equipamento, que obrigatoriamente tem que chegar ao "Total do item" com 100% (cem por cento). A coluna a seguir, chamada "CL ofertado no subitem (%)" tem que ser maior ou igual a coluna cinza chamada "CL mínimo (%)" esta coluna é previamente informada pela ANP, de acordo com a escolha do setor e do bloco, na hora do preenchimento. A coluna "CL ofertado no item (%)", que possui números grandes, esses se referem a valores de Conteúdo Local ofertado e os mesmos migrarão automaticamente para as linhas 4 e 5 da "Planilha de ofertas"que dá o "OK"dos números finais, constatando que a oferta está dentro dos limites mínimo e máximo.

Aqui começa toda a dor de cabeça dos técnicos "preenchedores" dessa planilha. Note que os subitens não são abertos em outros subitens e então começa o exercício de adivinhação. Sim! Adivinhação, porque o Conteúdo Local é um exercício de futurologia, pois, no momento que se licita os interessados não têm a menor ideia de quanto vai custar um *Wellhead*,[170] se haverá disponibilidade desse bem no mercado local, se haverá prazo adequado de entrega e quanto desse bem terá parcela importada ou não.

Isso ocorre em cada linha a seguir na tabela e – normalmente – a maioria das empresas lançam o maior peso desse primeiro bloco na linha de "Equipamentos do Poço", tendo em vista, como já se deve ter notado, que não há linhas para outros serviços, para mão-de-obra e para outros temas que poderiam ser mais desenvolvidos e aproveitados. Assim, "Equipamentos do Poço" passou a ser "Outros" porque só temos 5 (cinco) linhas para tratar de tudo sobre Perfuração, Avaliação e Completação na fase de Exploração.

O mesmo ocorre na composição dos sistemas auxiliares da fase de Exploração. No nosso exemplo acima algumas linhas – durante a exploração – na composição dos sistemas auxiliares ficaram em branco, ou igual a zero, porque qualquer percentual mínimo multiplicado por zero é igual a zero; e no caso em espécie o "Ofertante" entende que só terá sistemas elétricos e de telecomunicações, na fase de exploração. Não só isso! A Agência não se deu conta que Exploração é sinônimo de SERVIÇO. A maioria dos contratos nessa fase são, na essência, serviços.[171] Daí não haver a necessidade de utilizar

---

[170] Cabeça de Poço.
[171] Com prazo específico para o seu término, muitas vezes de curtíssima duração.

uma série de linhas e de sistemas que serão, por óbvio, utilizados na fase de produção (dentro da fase de desenvolvimento). É muito importante lembrar que vários itens, como sistema de medição e sistemas elétricos não são sequer aplicáveis na fase de exploração, esvaziando um pouco a credibilidade da cartilha.

E assim se preenche cada linha, sem uma boa ideia dos custos futuros e do mercado local para daqui a três anos, que é o prazo mínimo para se começar o projeto de exploração de um bloco. Sem saber quanto irá custar o projeto, a qualidade e a disponibilidade de bens e serviços à época. Daí a expressão: "exercício de futurologia".

Onde as linhas foram preenchidas com "zero" entende-se que nesta fase determinados sistemas não serão utilizados. A coluna "CL ofertado no subitem (%)" deve ser preenchida (se possível) com o valor mínimo (ao menos), para evitar problemas no cálculo automático da tabela.

Antes de nos encaminharmos para a parte da tabela que inicia a fase de desenvolvimento, é prudente levantar a questão dos "Centros de excelência" que existem no mundo; e que os mesmos não irão mudar de lugar para atender necessidades locais. Isso deve ser compreendido pelo País. É como se precisássemos muito de informática e cobiçássemos que o "Vale do Silício" fosse aqui. Assim ocorre com as empresas Halliburton, Schulumberger, Baker, Weatherford, BJ Service,[172] etc. As ferramentas empregadas por essas companhias internacionais são construídas em determinados centros de excelência localizados em locais estratégicos, tais como Houston, Singapura e Aberdeen; e servem às mais diversas locações de E&P no mundo. Portanto, não se pode mudar essa realidade, simplesmente forçando Conteúdo Local mínimo.

Em seguida temos a mesma tabela, agora para a fase de desenvolvimento. Sem nenhuma diferença seguem os mesmos critérios que os blocos anteriormente comentados, a saber:

---

[172] Recentemente adquirida pela Baker.

Obs 3: Na composição do CL médio para Perfuração, Avaliação e Completação na fase de Desenvolvimento, devem ser considerados os seguintes sub-itens:

Equipamentos	Peso do subitem no custo do item (%)	CL ofertado no subitem (%)	CL mínimo (%)	CL ofertado no item (%)
Cabeça de Poço	4	50	45	
Revestimento	10	80	80	
Coluna de Produção	13	80	80	50
Equipamentos do Poço	70	42	30	
Brocas	3	10	5	
Total do item	100			

Obs 4: Na composição dos sistemas auxiliares na fase de Desenvolvimento devem ser considerados os seguintes sub-itens:

Equipamentos	Peso do subitem no custo do item (%)	CL ofertado no subitem (%)	CL mínimo (%)	CL ofertado no item (%)
Sistema Elétrico	60	60	60	
Sistema de Automação	0	60	60	
Sistema de Telecomunicações	40	50	40	56
Sistema de Medição Fiscal	0	60	60	
Instrumentação de Campo	0	40	40	
Total do item	100			

Logo depois, um pouco mais abaixo na planilha, temos a tabela do Conteúdo Local nas Unidades de Exploração e Produção – UEP. A única diferença é que os equipamentos são divididos por tipos (Caldeias, Torres, Trocadores de Calor, Mecânicos Rotativos, Mecânicos Estáticos) e por sistemas e, ao final, Instrumentação de Campo. Os critérios permanecem como os blocos anteriormente comentados, a seguir:

CL nas Unidades de Exploração e Produção – UEP

Obs 5: Na composição do CL médio para os equipamentos da UEP devem ser considerados os seguintes sub-itens:

Tipos	Equipamentos	Peso do subitem no custo do item (%)	CL ofertado no subitem (%)	CL mínimo (%)	CL ofertado no item (%)
Calderaria	Vasos de Pressão	6	85	85	
	Fornos	5	80	80	
	Tanques	6	90	90	
Torres	De Processo	5	85	85	
	De Resfriamento	5	85	85	
Trocadores de Calor		5	80	80	
Mecânicos Rotativos	Bombas	5	70	70	
	Turbinas a Vapor	5	90	90	
	Compressores Parafuso	5	70	70	
	Compressores Alternativos	5	70	70	75
	Motores a Diesel (até 600 hp)	6	90	90	
Mecânicos Estáticos	Válvulas (até 24")	5	90	90	
	Filtros	3	85	85	
	Queimadores	2	80	80	
	Proteção Catódica	5	90	90	
Sistema Elétrico		8	60	60	
Sistema de Automação		8	60	60	
Sistema de Telecomunicações		4	40	40	
Sistema de Medição Fiscal		4	60	60	
Instrumentação de Campo		3	40	40	
Total do item		100			

Células "CL ofertado no item (%)" serão preenchidas automaticamente pelo sistema

Obs 6: Este item é composto por: Planta de Processo, Planta de Movimentação de Gás e Planta de Injeção de Água

Obs 7: No caso de serviços executados por empregados da empresa concessionária, contratados segundo as leis brasileiras, o valor em reais correspondente à execução da atividade (calculado com base no número de homens/hora) poderá ser considerado para efeito de cálculo do Conteúdo Local, desde que os valores sejam compatíveis com os de mercado.

Uma coisa que nos chama atenção são os *overheads*[173] das concessionárias que não se classificam em nenhuma linha específica; e por óbvio devem ser considerados no Cálculo de Conteúdo Local, afinal, já há bastante contingente de brasileiros trabalhando diretamente para essas companhias, há alugueres, há encargos, seguros, etc.[174]

Todos os números, de cada bloco, que constam das colunas "CL ofertado no item (%)" são automaticamente preenchidos na outra planilha de oferta. Nesta planilha aparecem as colunas divididas em sistemas, os percentuais ofertados, subsistemas, itens, peso do item, CL no item e CL mínimo. O licitante deve preencher as colunas "Peso do item no custo do empreendimento" até chegar ao percentual de 100% (cem por cento) e deve preencher algumas colunas do "CL ofertado no item (%)". Notam-se algumas linhas coloridas nesta coluna. Elas são exatamente o conteúdo local automático preenchido nos blocos de colunas anteriores. Vejamos:

Planilha 1

ÁGUAS PROFUNDAS > 400 metros			SETOR:	SCAL-AP2	BLOCO:	CAL-M-374	
Sistemas	CL sistema (%)		Subsistemas	Item	Peso do item no custo do empreendimento	CL ofertado no item (%)	CL mínimo item (%)
	Mínimo	Ofertado	Máximo					
Exploração	37	OK 39	55	Geologia e Geofísica	Interpretação e Processamento	16	85	40
					Aquisição	14	7	5
				Perfuração, Avaliação e Completação	Afretamento Sonda	32	15	10
					Perfuração + Completação (obs 1)	24	51	30
					Sistemas Auxiliares (obs 2)	8	55	55
				Apoio Operacional	Apoio Logístico (Marítimo/Aéreo/Base)	6	55	15
				Total na fase de Exploração		100		
Desenvolvimento	55	OK 61	65	Perfuração, Avaliação e Completação	Afretamento Sonda	21	15	10
					Perfuração + Completação (obs 3)	12	60	30
					Sistemas Auxiliares (obs 4)	1	56	55
					Apoio Logístico	3	50	15
				Sistema de Coleta da Produção	Arvore de Natal	2	85	85
					Umbilicais	4	55	40
					Manifolds	3	85	80
					Linhas de Produção/injeção Flexíveis (Flowlines, Risers)	0	80	80
					Linhas de Produção/injeção Rígidas	7	100	100
					Dutos de Escoamento	0	100	100
					Sistema de Controle Submarino	4	55	50
					Engenharia Básica	1	60	50
					Engenharia de Detalhamento	5	95	95
					Gerenciamento, Construção e Montagem	6	70	60
				UEP	Engenharia Básica	0	70	50
					Engenharia de Detalhamento	2	95	95
					Gerenciamento, Construção e Montagem	6	65	60
					Casco	3	80	80
					Sistemas Navais	1	65	50
					Sistema Multiplo de Ancoragem	2	75	70
					Sistema simples de ancoragem	0	30	30
					Instalação e Integração dos Módulos	1	95	95
					Pré-Instalação e Hook-up das Linhas de Ancoragem	0	90	85
				Plantas (obs 6)	Engenharia Básica	0	60	50
					Engenharia de Detalhamento	3	95	95
					Gerenciamento de Serviço	2	90	90
					Materiais (obs 5)	7	75	75
					Construção & Montagem	7	95	95
				Total na fase de Desenvolvimento		100		

NOME REPRESENTANTE CREDENCIADO:
ASSINATURA:

---

[173] Despesas gerais de administração que em geral não integram produtos finais.

[174] Há fomento ao desenvolvimento brasileiro, que deveria ser o princípio de Conteúdo Local.

A partir da 10ª Rodada de Licitações a apresentação de ofertas é feita exclusivamente por meio do Programa Gerador de Ofertas – GEOF,[175] desenvolvido pela ANP e disponibilizado no próprio site de rodadas da agência.[176] As ofertas são identificadas por "códigos identificadores". Depois de instalado, o programa contém uma folha de rosto com a síntese dos dados, que servirá como face externa do envelope da oferta; o relatório de oferta (síntese da oferta propriamente dita), o relatório de conteúdo local, com o detalhamento dos itens e subitens, como se estivéssemos preenchendo a planilha acima; e o código que identifica a oferta (Código Identificador (ID)).

Após essa análise da planilha, se Conteúdo Local é realmente uma política de fomento aos fornecedores brasileiros, fica no ar uma saudade do prático Conteúdo Local adotado no México e até dos exageros "resolvidos caso a caso" na Nigéria. A planilha, como se vê, é desanimadora em razão de sua complexidade e pela falta de um manual de informações, completo e adequado.

9.1 A nova planilha em forma de programa, a partir da 10ª Rodada

Quando da publicação do Pré-Edital da 10ª Rodada o local das ofertas da licitação e o Programa Gerador de Ofertas – GEOF ainda eram desconhecidos. Tudo seria divulgado pela ANP na página da Décima Rodada de Licitações: http://www.brasil-rounds.gov.br. Dizia o Pré-Edital que "a geração das capas dos envelopes e formulários para apresentação de ofertas será feita exclusivamente por meio de programa específico de computador, que será disponibilizado no *site* "www.brasil-rounds.gov.br", acompanhado de informações complementares necessárias." Foi assim que surgiu o GEOF, desenvolvido

---

[175] O Manual do GEOF pode ser encontrado no seguinte sítio: http://www.anp.gov.br/brnd/round9/round9/GEOF/GEOF_05-10-07.pdf

[176] www.brasil-rounds.gov.br

pela ANP e disponibilizado, algum tempo depois, na página da Internet no endereço acima referido.

Para compor uma oferta válida, o GEOF incorpora as seguintes características: i) Folha-de-rosto, contendo a síntese dos dados, a qual deverá ser assinada e colada na face externa do envelope contendo a oferta; ii) Relatório de Oferta, contendo a síntese dos itens componentes (em papel e versão eletrônica que deverá ser apresentada na forma de *CD* ou *pendrive*; iii) Relatório de Conteúdo Local, contendo o detalhamento da oferta, discriminando seus itens e subitens. Deverá ser apresentado em papel, dentro do envelope; iv) Código Identificador (ID), singularizando a oferta a ser apresentada.

As ofertas no GEOF são cadastradas por setor oferecido e só serão aceitas para os setores em que tiverem sido pagas as taxas de participação. Como se pode ver no desenho a seguir a planilha de Conteúdo Local que era feita em Microsoft Excel passou a compor um programa chamado "Programa Gerador de Ofertas" ou simplesmente "GEOF", que possui praticamente o mesmo *layout*.

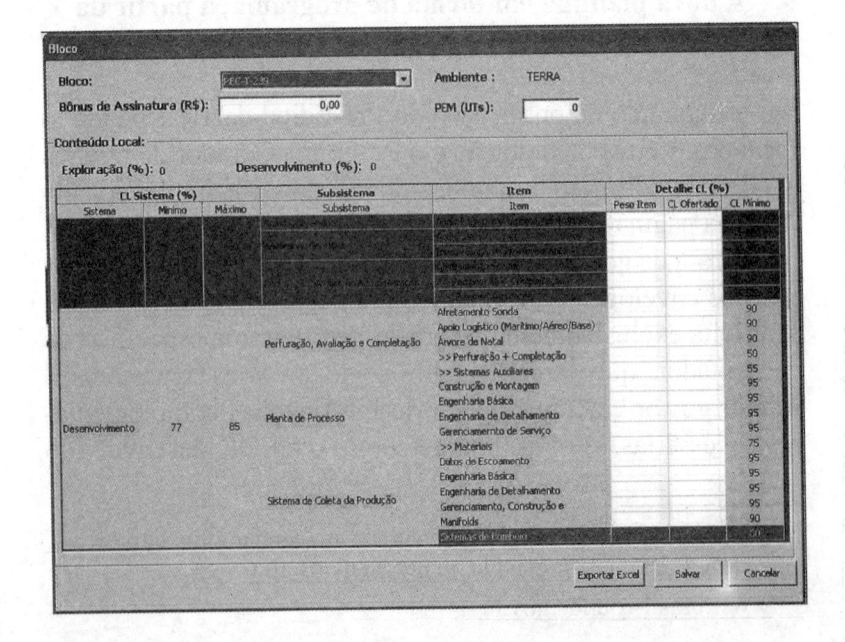

O preenchimento do programa obedece ao mesmo critério utilizado na planilha no formato Microsoft Excel, tanto é que permite exportação de dados no mesmo programa. Apenas uma nova roupagem, com a adição de algumas linhas e novos nomes.

Como no sistema anterior de planilhas, os percentuais inferiores ao mínimo não serão aceitos pelo programa, que acusará o erro; e percentuais acima do máximo poderão ser acatados, mas, não serão considerados como uma vantagem competitiva.

> "A ambição universal dos homens é viver colhendo o que nunca plantaram."
>
> *Adam Smith*

10
Cálculo de Conteúdo Local

Considerando as planilhas até a 9ª Rodada e o GEOF (para a 10ª Rodada), depois que são inseridas as informações nas planilhas ou no programa, o cálculo do Conteúdo Local, em si, é automático e fica determinado automaticamente na planilha (nas colunas coloridas) ou no GEOF, quer em papel ou em versão eletrônica que é apresentada, na forma de CD ou *pendrive,* junto com o envelope no dia do leilão, conforme comentado no capítulo anterior.

Dispomos aqui sobre o cálculo individual de Conteúdo Local, a ser adotado na avaliação de cada documento fiscal, cada bem ou serviço, ou cada processo de produção/serviço em forma de fórmula, conforme já descrito no inicio desta obra. Em termos de Conteúdo Local o que mais se conhece dele é a sua fórmula básica que é confundida com o próprio conceito de Conteúdo Local.

A fórmula básica é a seguinte:

$$CL = \left\{ 1 - \frac{X}{Y} \right\} \times 100$$

Onde:
CL = Conteúdo Local .
X = É o valor dos componentes importados, inclusive matéria-prima, excluídos IPI e ICMS.
Y = É o preço de venda total, excluídos IPI e ICMS.

O racional da fórmula é a extração da parcela importada sobre o preço total do bem.[177]

No caso de Conteúdo Local de Bens, ex.: Equipamentos com subsistemas, temos a seguinte composição e em seguida o respectivo slide representativo:

> i) Valor CIF, acrescido do respectivo Imposto de Importação (II), dos componentes importados diretamente pela **fabricante** e incorporados ao equipamento;
>
> ii) Valor CIF, acrescido do respectivo Imposto de Importação (II), dos componentes importados diretamente pela **compradora** e incorporados ao equipamento;
>
> iii) Valor dos componentes importados **por terceiros** e adquiridos no mercado interno pela fabricante ou comprador, excluídos IPI e ICMS;
>
> iv) Valor da parcela importada dos componentes adquiridos **no mercado interno** pela fabricante ou comprador, excluídos IPI e ICMS;

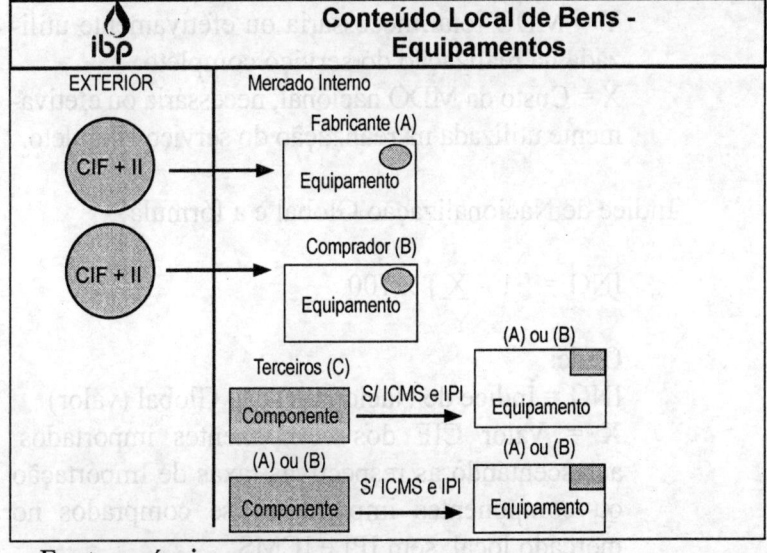

Conteúdo Local de Bens - Equipamentos

Fonte: própria

---

[177] Serviço e mão-de-obra também podem ser incorporados a esse racional.

A mesma formula também é usada para serviços e para ING – Índice de Nacionalização Global, mão-de-obra, admissão temporária, enfim, adota-se em todos os casos.

Vejamos o ING:

$$ING = \left\{ 1 - \frac{X}{Y} \right\} \times 100$$

Onde:
ING = Índice de Nacionalização Global (valor)
X = Valor CIF dos componentes importados acrescentando as respectivas Taxas de Importação) ou componentes importados, se comprados no Mercado local, sem IPI e ICMS.
Y = Preço Efetivo de Venda sem IPI e ICMS

Para apuração do Índice de MDO, na fórmula só se altera a denominação de X e Y

Y = MDO total, necessária ou efetivamente utilizada na realização do serviço completo.
X = Custo da MDO nacional, necessária ou efetivamente utilizada na realização do serviço completo.

Índice de Nacionalização Global e a fórmula:

$$ING = \left\{ 1 - \frac{X}{Y} \right\} \times 100$$

Onde:
ING = Índice de Nacionalização Global (valor)
X = Valor CIF dos componentes importados, acrescentando as respectivas taxas de Importação ou componentes importados, se comprados no mercado local, sem IPI e ICMS.
Y = Preço Efetivo de Venda, sem IPI e ICMS.

Exemplificando, se o valor de venda for composto por:

Preço de Venda = 220,00 ($ 200 + IPI)
IPI 10% = 20,00
ICMS 19% = 41.80[178]
Preço sem IPI e ICMS = $ 158,20 = y

Como X é a parte "importada", devemos extrair seu valor da Guia de Importação, pelo preço CIF, acrescido das taxas aduaneiras e excluindo IPI e ICMS.

Estamos assumindo, conservadoramente, que o imposto de importação (II) também integra a base, vejamos:

X = CIF + II + taxas aduaneiras
Se $ CIF = 50
Imposto de Importação (II)= 10%
Taxas aduaneiras = 1%[179]

Temos:

X = 50 + 5 + 0,5 = 55,5

$$ING = \{ 1 - \frac{55,5}{158,2}\} \times 100$$
ING = { 1 – 0,35} x 100
ING = 0,65 x 100
ING = 65

---

[178] Neste exemplo, de forma conservadora, o IPI foi incluso na base de cálculo do ICMS.
[179] Percentual aleatório, para fins de exemplo.

10.1 Práticas de Conteúdo Local

Em muitos casos, entender as planilhas de Conteúdo Local e a falta de detalhamento das mesmas pode, de certa forma, fazer com que fornecedor e concessionário estabeleçam os procedimentos que julguem adequados, pela própria ausência de informações e de procedimentos, porque é a falta de regra que permite a adoção de métodos com critérios do próprio leitor.

a) Regime aduaneiro X Conteúdo Local

De início, colocamos um problema semântico: o Regulamento Aduaneiro[180] considera "nacionalizada" a mercadoria estrangeira importada a título definitivo.[181] Logo, a princípio, se pagos todos os impostos e foi regular a importação do bem, este não deveria ser tratado como um bem estrangeiro, exceto, para Conteúdo Local. Faz sentido o dizer do legislador aduaneiro, já que o bem está aqui para servir aos interesses nacionais de produção ou prestação de serviços. Por outro lado, ideologicamente, este bem não serve ao "fomento da indústria nacional", se analisarmos tão-somente o ato de importação. Mas, o mesmo servirá ao importador, a partir de sua nacionalização, para produzir (como bem ou serviço) para a empresa local importadora ou para produzir ou servir à empresa que utilizar o bem. Assim, entendemos ser um erro não admitir como nacional o bem importado a título definitivo, porque contraria o Regulamento Aduaneiro e, no final das contas, gera Conteúdo Nacional com a sua utilização no Brasil.[182]

---

[180] BRASIL, Decreto nº 6.759, de 5 de fevereiro de 2009 (DOU de 6.2.2009)

[181] Ver parágrafo primeiro do artigo 212 do Decreto 6.759/2009.

[182] Mas, essa é uma questão de "Políticas Públicas".

b) Aluguel de bem importado

Se alguém importa por $100 um determinado equipamento, sem adicionar qualquer serviço a ele e o fatura como aluguel, por exemplo, por 500 (quinhentos), essa diferença de quatrocentos é só dinheiro, não vai – a princípio – aumentar ou gerar Conteúdo Local porque o CL neste caso é igual a zero, se considerarmos a regra que "o bem é totalmente importado", apesar de ter sido nacionalizado. A cartilha não forneceu a definição de bem, apenas de bens de uso temporal, portanto, pode-se usar a planilha de bens, se foi uma importação definitiva, como pode ser usada a planilha de bens de admissão temporária se o bem ficar provisoriamente no Brasil. Sendo o bem 100% importado, mesmo que haja serviço, não adianta alugar, afretar ou arrendar o bem aos concessionários. O Conteúdo Local será igual a zero.

c) Definição falha de Bens de uso temporal

No glossário da Cartilha de Conteúdo Local que acompanha a Resolução nº 36/2007 consta como "BENS PARA USO TEMPORAL – Bens utilizados mediante contratos de aluguel, afretamento, arrendamento, ou *leasing* operacional ou financeiro (Arrendamento Mercantil)". Essa definição possui – com toda licença – duas falhas básicas: a primeira está no conceito de "bens de uso temporal", que segundo o citado glossário está sendo definido por tipos contratuais (aluguel, afretamento e arrendamento mercantil). O que é um erro, pois, são bens imóveis o solo e tudo quanto se lhe incorporar natural ou artificialmente;[183] e são móveis os bens suscetíveis de movimento próprio, ou de remoção por força alheia, sem alteração da substância ou da destinação econômico-social.[184] Como no caso estamos falando de "uso temporal" são considerados bens

---

[183] BRASIL. Código Civil, artigo 79.
[184] BRASIL. Código Civil, artigo 82.

de uso temporal àqueles que não se incorporam ao patrimônio do usuário, ou que ficarão com o usuário por um certo período de tempo. A outra falha conceitual é que – ainda que estejamos considerando os tipos contratuais para classificar os bens de uso temporal, se o fornecedor apenas prestar serviços e não cobrar das concessionárias nada sobre o bem temporal, não terá a menor importância[185] se a origem do bem é importada ou local, já que a receita é de serviços e não de aluguel, afretamento ou arrendamento mercantil. Esse é um tipo de erro da Cartilha que precisaria ser incorporado a um manual explicativo. Os erros conceituais implicarão na mudança de comportamento – por parte das concessionárias – fazendo-as migrar para a prestação de serviços, tendo em vista a inviabilidade de cumprir conteúdo local de bens de uso temporal, já que grande parte dos bens é de procedência externa. A menos que não seja necessário (dependendo da rodada) ampliar o percentual de Conteúdo Local. Os cuidados que as concessionárias devem ter são: i) que esses bens de uso temporal são claramente definidos nos contratos com as certificadoras, consoante item 3.3, letra a, dos procedimentos para a execução das atividades de certificação do Regulamento nº 6/2007; ii) para que possa caracterizar serviço (e não bem de uso temporal) basta que o fornecedor local comprove que não aufere qualquer receita decorrente do uso de tal bem temporal (e não reembolse no estrangeiro o dono real do bem).[186]

d) Contratos de serviço X afretamento[187]

Nos contratos que utilizam barcos de apoio (*Supply Vessels*) – um bom exemplo – é possível fazer dois contratos: um *charter*

---

[185] Conceitual.

[186] É uma sugestão que deve ser discutida com a ANP.

[187] A ANTAQ tem tentado invadir a competência da ANP. Recentemente encaminhou às várias empresas de E&P o ofício circular 001/2008 informando que "*as operações na navegação de apoio marítimo, assim como*

agreement[188] e um contrato em separado para o serviço a ser realizado pelas pessoas que vão tripular a embarcação. Pela natureza do afretamento, o *charter agreement* não sofre a incidência de imposto de renda e também escapa do ISS. O afretamento é, basicamente, em relação ao preço dos objetivos contratuais, mais de 50% do preço total. Por seu turno, em sendo importada ou admitida temporariamente a embarcação, temos 0% (zero) de Conteúdo Local. Então, se for estabelecido um contrato de prestação de serviços de apoio marítimo, teremos um acréscimo no custo total do contrato, que representa entre 2% a 5%, por conta do ISS, a depender do município do estabelecimento prestador do serviço,[189] mas, em contrapartida o

---

nas demais navegações, são restritas às empresas brasileiras de navegação devidamente autorizadas pela ANTAQ", sob o argumento que "somente as empresas brasileiras de navegação podem afretar embarcações, brasileiras ou estrangeiras, seja por viagem, por tempo ou a casco nu", ferindo o princípio da livre iniciativa, a liberdade contratual e especialmente o próprio monopólio da atividade. Cito a seguir um artigo da lavra do Prof. Heleno Taveira Torres que, em suas considerações finais, fala sobre a competência genérica da ANTAQ e sobre o fato de que questões que envolvem o monopólio do petróleo são reservadas à ANP, in verbis: "Tomando em conta o tratamento excepcional dos serviços vinculados às atividades sujeitas ao monopólio constitucional, somam-se vigorosos motivos de ordem formal para demonstrar a prevalência da competência constitucional da ANP para regulação do transporte marítimo de petróleo e seus derivados, em prejuízo das regras emanadas da ANTAQ, pela reserva constitucional e prevalência da especialidade no setor de petróleo, confirmando-se, desse modo, a inexistência de conflito de competências entre as agências citadas, na medida em que a competência da ANTAQ é genérica, incidindo sobre o transporte marítimo como um todo, não podendo verter sobre matéria reservada constitucionalmente aos serviços sob monopólio, cuja competência é exclusiva da ANP (art. 177, § 2º, da CF)". In TORRES, Heleno Taveira. Conflitos de competência entre agências reguladoras e o princípio da especialidade: entre ANTAQ e ANP. Revista *Fórum* CESA, Belo Horizonte, ano 3, nº 7, pág. 78, abril/junho, 2008.

[188] Contrato de Afretamento.

[189] Por conta de questões Constitucionais o ISS, ao arrepio dos ADTC da CF/88, artigo 88, I, deveria ter alíquota mínima de 2%, mas, como se sabe,

contrato possuirá um altíssimo Conteúdo Local. Certo é que faz sentido aos concessionários aumentar a parcela de serviços locais em algumas contratações para evitar as multas de conteúdo local.[190]

Outro exemplo, muito comum, é o de serviço de apoio aéreo de helicóptero. O helicóptero – via de regra – é importado (100%). Isso daria zero de Conteúdo Local. Mas, ao invés de fazer *Charter agreement* do helicóptero, faz-se um contrato de "apoio aéreo". Contratos de apoio aéreo são 100% Conteúdo Local![191] A solução é adotar a natureza contratual correta, para que fique caracterizado um serviço local. Essas hipóteses podem ocorrer sempre que haja a necessidade de serviços a serem realizados com bens importados.

A fórmula e sua cartilha determinam que bens importados não possuem Conteúdo Local, mas, a inclusão de serviços internos, prestação de serviços e todo o custo da estrutura local, que são inclusos na cessão do bem ao concessionário, a princípio, não podem ser considerados, dependendo da forma contratada. Exemplo: aluguel. Utilizar a modalidade de locação de bem 100% importado é um erro gravíssimo dos concessionários, que estiverem necessitando de altos índices de Conteúdo Local (especialmente, em se tratando de 5ª e 6ª Rodadas). A melhor sugestão é oferecer serviços, incluindo apoio técnico, consultivo e administrativo na prestação de serviços que inclui a utilização do bem, para a correta prestação do serviço. Só assim o prestador do serviço pode colocar seus

---

há municípios que estão praticando alíquotas "efetivas" (com reduções de base de cálculo) que podem chegar a 0.5%.

[190] O cálculo do valor da multa de conteúdo local é comparável ao cálculo do que se paga no Brasil em tributos ISS, PIS/COFINS e até mesmo as retenções. As estratégias de cada empresa dependerá desse cálculo e deles se opta, sempre, pelo menor.

[191] Especialmente se for considerado que o bem, em si, não está sendo remunerado. Ou seja, pagamento apenas sobre o serviço.

custos locais naquilo que seria um simples contrato de aluguel. É claro que a planilha ou a cartilha não traz esse tipo de informação, mas, igualmente omissa é a informação de como tratar determinadas situações.

e) Contratação de mão-de-obra na prestação de serviços

Se o concessionário, por outro lado, contrata um serviço, por exemplo, de pescaria,[192] que envolva o uso de um operador de *joystick* que com uma ferramenta, ou melhor, com um pequeno robozinho, que a indústria chama de ROV,[193] de um fornecedor local, o serviço será considerado 100% conteúdo nacional se for contratada a mão-de-obra brasileira ou de estrangeiro com o visto permanente. Se o contrato não foi de *charter*,[194] arrendamento ou de aluguel, se o contrato foi de prestação de serviços,[195] então temos: o ROV importado da matriz no exterior para a fornecedora com sede no Brasil por $100 e o faturamento de $400 a mais que está sendo cobrado, tendo em vista que o montante da nota é $500. Esses $400 (tirando o ISS = 380) são Conteúdo Local puro!

Registre-se que o fornecedor do serviço, que inclui o bem, tem despesas na importação do bem, na manutenção de pessoal no Brasil, despesas com assistência e consultoria técnica, com o preparo dos operadores e dos empregados locais; e muito mais custos e despesas. Portanto, é justo que o contrato seja de serviços para abrigar todas as despesas locais e recuperar seus custos. O simples aluguel, arrendamento ou afretamento do bem não refletiria a realidade das prestadoras de serviços, que já tenham afiliadas com sede no Brasil.

---

[192] Fishing. Contrato de serviço com o objetivo de resgatar alguma peça ou ferramenta que caiu no mar ou está presa a outro equipamento subaquático de difícil acesso por humanos.

[193] *Remote Operated Vehicle*

[194] Afretamento.

[195] É importante ressaltar que não há cessão de mão-de-obra, portanto, calcula-se o ILS e não há o que falar de retenção de INSS.

f) Unitização

As regras de Conteúdo Locais são incipientes nos casos de unitização.[196] Aliás, nem mesmo a Lei do Petróleo trata do tema, apenas mencionando em seu artigo 27 que "quando se tratar de campos que se estendam por blocos vizinhos, onde atuem concessionários distintos, deverão eles celebrar acordo para a individualização da produção". As resoluções da ANP e a cartilha não têm solução para fornecer em caso das áreas terem sido adquiridas em rodadas diferentes. Como a regulamentação é ligada diretamente ao princípio da legalidade, da mesma forma, o princípio "*in dubio pro reo*", também o é, só que muito mais usado em direito penal. Essa expressão quer dizer que em caso de dúvida (em geral, por falta de provas) o réu será favorecido. Assim, não havendo norma e conflitando o Conteúdo Local entre rodadas diferentes deve prevalecer – como mais seguro – o que for mais benéfico aos Concessionários,[197] exigindo-se os percentuais mais brandos.

g) Tributos no cálculo

Outro aspecto pontual é que o Brasil já sofre uma grande carga tributária. Os itens de petróleo têm, em regra, IPI entre 10% e 5% e o ICMS produz um impacto (por dentro) de cerca de 20% a 23% do preço final dos bens e serviços em circulação, afetando sobremaneira os custos de aquisição.[198]

---

[196] Acordo feito entre concessionárias (ou consorciadas) com direitos em diferentes blocos exploratórios para a explotação de um ou mais reservatórios que é/são comum(ns) às partes, fora dos limites dos blocos de cada parte.

[197] Há também uma outra expressão em latim que nos fornece a mesma linha de raciocínio: "*In re dubia benigniorem interpretationem sequi non minus justius est quam tutius*" (Em matéria duvidosa, não só é mais justo, como também mais seguro, adotar o que é mais benigno. In ARRIVABENE, Ariovaldo, *Dicionário de latim Forense*, Lawbook Editora, São Paulo, 2003, p. 255.

[198] O mesmo se aplica ao ISS, que se diferencia do IPI e do ICMS porque

No nosso modesto entender os tributos deveriam fazer parte do cálculo de Conteúdo Local, por ser ingresso de divisas para os entes públicos. E mais, poucas são as empresas que conseguem seguir o princípio da não-cumulatividade e repassar os tributos indiretos. É fundamental mencionar que na fase de exploração, como não há saída subsequente, fazendo desses tributos parte do custo. Durante boa parte do processo de desenvolvimento a saída tributada também inexiste. Além disso, o próprio desembolso dos tributos em si beneficia o governo e o povo local, possibilitando o desenvolvimento do País.

Ainda com relação ao IPI e ICMS fica a pergunta: se o IPI integra ou não a base de cálculo do ICMS,[199] posto que o IPI só não integra a base de cálculo do ICMS, quando a operação, realizada entre contribuintes e relativa a produto destinado à industrialização ou à comercialização, configure fato gerador de ambos os impostos. Apenas o Concessionário que for sócio em refinarias é que se caracteriza contribuinte dos dois produtos, podendo dar saídas subsequentes tributadas por ambos os tributos. Grosso modo, quer dizer que as concessionárias devem ser tratadas como consumidoras finais pelos fornecedores e em todas as vendas que sofrerem incidência de IPI este integrará a base de cálculo do ICMS, a menos que a concessionária declare que é contribuinte de ambos.

Uma outra questão numérica sobre os tributos é que no cálculo do Conteúdo Local exclui-se os impostos; e para fins de despesa, eles são considerados. Se considerados no relatório de gastos este ficará sobremaneira diferente do Conteúdo Local. A princípio, como nas regras tributárias, o acessório deveria seguir o principal, os tributos deveriam compor tanto o cálculo dos gastos, quanto do próprio Conteúdo Local. Conclui-se que vai ser difícil para os auditores comparar os diferentes relatórios.

---

se torna custo.

[199] Exemplo na legislação é o RICMS/RJ, Livro I, art. 6º.

"Experiência é coisa que
ninguém consegue de graça."
Oscar Wilde

11
Certificação de Conteúdo Local

A ANP instituiu um sistema de certificação de Conteúdo Local com o seguinte intento:[200]

> "Com o objetivo de estabelecer as condições legais para a realização das rotinas relacionadas às exigências da Cláusula de Conteúdo Local instauradas a partir da Sétima Rodada, a ANP criou o Sistema de Certificação de Conteúdo Local, cuja regulamentação foi publicada em 16 de novembro de 2007, depois de concluído o processo de consultas públicas.
>
> Esse Sistema estabelece a metodologia para a certificação e as regras para o credenciamento de entidades certificadoras junto à ANP. As entidades credenciadas serão responsáveis por medir e informar à ANP o conteúdo local de bens e serviços contratados pelas empresas concessionárias para as atividades de exploração e desenvolvimento da produção de petróleo e gás natural".

O "sistema de certificação" é composto pelas quatro Resoluções 36, 37, 38 e 39 de novembro de 2007, conforme fartamente comentado, especialmente nos capítulos 2.2 e 6.4.

---

[200] http://www.anp.gov.br/petro/conteudo_local.asp acesso em 10 de março de 2009.

As Resoluções ANP nº 36/2007 e 38/2007, com vigência prorrogada para 150 dias a partir da publicação foram publicadas em 16 de novembro de 2007 e os 150 dias estariam sendo completados em abril de 2008, mas, elas só tomaram validade a partir de 11 de setembro de 2008, talvez porque apenas em abril de 2008 é que foi publicado o credenciamento da 1ª empresa credenciada pela ANP, para exercer atividade de certificadora de Conteúdo Local.

A Certificação deve conter a seguinte declaração, segundo o ANEXO I – CERTIFICADO DE CONTEÚDO LOCAL, contido no REGULAMENTO ANP Nº 6/2007, publicado com a RESOLUÇÃO ANP Nº 36, DE 13.11.2007, DOU de 16.11.2007, contendo, ainda, carimbo e assinatura da empresa certificadora:

CERTIFICADO DE CONTEÚDO LOCAL[192]

"DECLARAMOS que a Empresa ....
Sito à ....
Inscrita no CNPJ Nº ...., Inscr. Est nº ....
É fornecedora do produto: ....
....
Com as características: ....
....
(*) Para a Empresa..
....
Sito à ....
Inscrito no CNPJ nº ...., Inscr. Est. n º ....
conforme documento fiscal ....
CERTIFICAMOS que o produto acima possui conteúdo local de .... %
......................, ... de............ .... de ...."

---

[201] O modelo original consta da RESOLUÇÃO ANP Nº 36, DE 13.11.2007, DOU de 16.11.2007.

A Cartilha de Conteúdo Local acompanha o conteúdo do Regulamento ANP N° 6/2007, publicado com a RESOLUÇÃO ANP N° 36/2007. A metodologia da Cartilha é baseada nas informações dos fornecedores. Segundo o item 5 da Cartilha anexa à RESOLUÇÃO ANP N° 36/2007 os contratos e documentos devem ficar guardados por 05 anos a contar do fim do contrato do Concessionário com a ANP, desrespeitando qualquer norma geral de direito civil e a norma tributária para prescrição ou para a guarda de documentos fiscais, senão vejamos o que diz o item:

> "Ainda que a comprovação seja de responsabilidade do Concessionário, a guarda da documentação comprobatória do cálculo do Conteúdo Local será objeto de negociação entre comprador e fornecedores (e subfornecedores) assegurando-se que a apresentação das mesmas ao avaliador seja fornecida sempre que solicitada pelo mesmo. Esses documentos deverão ser mantidos para fins de comprovação por um período de 5 anos a contar do término deste Contrato firmado com a ANP".

A ANP se protege pelo princípio *pacta sunt servanda* nos seus contratos com os concessionários e estes deverão solicitar aos seus fornecedores de bens e serviços as devidas certificações de seus produtos, podendo, por sua livre iniciativa, buscar antecipadamente a certificação de seus produtos.

Segundo o item 3.13 do Regulamento ANP N° 6/2007 o fornecedor deverá junto com sua nota fiscal enviar o certificado de conteúdo local de cada produto discriminado na referida nota. Apenas para os bens ou produtos padronizados e produzidos em série, não havendo alteração de especificação, composição ou modo de produção e, também, não havendo alteração percentual de 10% do valor, é que poderá ser aceita a certificação original, que terá validade máxima de 4 (quatro) anos, anexando a cada nova nota fiscal emitida uma cópia do Certificado de Conteúdo Local original, de cada produto; e ainda, uma declaração de não alteração do bem respectivo em relação à certificação originalmente realizada.

A Declaração de Conformidade, ou melhor, a "declaração de não alteração" pode ser assim produzida:

CERTIFICADO DE CONFORMIDADE COM O CERTIFICADO ORIGINAL

DECLARA a signatária que o(s) bem(ns) ou produto(s)[193] padronizado(s) ou e produzido(s) em série, informado(s) na Nota Fiscal _____ anexa, não sofreu(ram) alteração de especificação, composição ou modo de produção e, também, não foi(ram) alterado(s) até o percentual de 10% do valor, em relação à certificação original; e que referida certificação encontra-se válida pelo período de quatro anos a partir de sua emissão, conforme cópia do Certificado de Conteúdo Local original, também anexo.

Local, data e assinatura do fornecedor.

Cabe uma crítica. Enquanto no item 3.14.3 do Regulamento nº 6/2007 requer que todo documento fiscal de transação comercial deverá ser acompanhado de Certificado de Conteúdo Local, o item 3.14.5 admite uma declaração de não--alteração em relação à certificação original, mas, desde que a declaração de conformidade acompanhe a nota fiscal e cópia do Certificado original. No primeiro caso, o que é um grande dispêndio, em termos de controle, custos, operacionalidade etc., em princípio, a prática exigirá que o Certificador permaneça constantemente trabalhando com o fornecedor, para que cada nota fiscal emitida tenha um certificado original. E no segundo caso, serão produzidos, a cada nota fiscal emitida, mais

---

[202] Item 3.14.5 do Regulamento ANP Nº 6/2007 publicado com a RESOLUÇÃO ANP Nº 36/2007.

dois documentos: (i) a declaração de conformidade; e (ii) a cópia do certificado original.

Concessionárias e fornecedores, para se certificarem, terão que firmar contrato com a Certificadora autorizada pela ANP e o referido contrato deverá conter, necessariamente, as seguintes características.[203]

    a) Bem, bem de uso temporal, serviço, subsistema, sistema ou conjunto de sistema a ser certificado, claramente definido;
    b) Cronograma de execução dos trabalhos;
    c) Cláusula informando que todo trabalho será desenvolvido conforme o presente regulamento;
    d) Identificação do pessoal da Certificadora envolvido na execução dos trabalhos;
    e) Identificação do pessoal da contratante responsável pela condução dos trabalhos;
    f) Definição dos procedimentos de acesso, verificação e análise:
        f.1) da documentação a ser analisada;
        f.2) dos processos produtivos necessários à elaboração do produto a ser certificado;
        f.3) dos componentes constituintes do produto a ser certificado;
        f.4) dos componentes terceirizados e/ou subcontratados e respectiva documentação;
        f.5) dos componentes importados e respectiva documentação;
    g) Valores e condições comerciais do contrato de certificação; e
    h) Código de identificação do contrato.

Depois de firmado o contrato a certificadora terá 30 dias para informar à ANP os dados principais da concessionária, as atividades e objetos de certificação.

---

[203] Idem. Item 3.3.

A ANP emitirá um código de identificação da certificada e informará à Certificadora.

As Certificadoras deverão manter um registro permanente de todos os certificados emitidos, que deverão conter no mínimo o seguinte.[204]

        a) número de certificado;
        b) o requerente do mesmo;
        c) o produto a que se refere;
        d) valor de Conteúdo Local;
        e) cliente;
        f) a data de emissão; e
        g) a validade.

Todos os critérios para cálculo do Conteúdo Local a serem adotados pelas certificadoras, bem como definições e métodos devem ser extraídos da Cartilha de Conteúdo Local, que é o ANEXO III do Regulamento ANP nº 6/2007 publicado com a RESOLUÇÃO ANP nº 36/2007, seja para bens, bens de uso temporal, serviços, subsistemas, sistemas e conjunto de sistemas relacionados às atividades de exploração e produção de petróleo e gás natural.[205]

Durante a Fase de Transição, ou seja, enquanto a Certificação não entrou em vigor, foram aceitos para comprovação de compromissos contratuais, os valores declarados como sendo nacional. Até mesmo os bens e serviços contratados, mas não entregues ou prestados até a vigência da Certificação poderão ser declarados sem a necessidade de certificação.

Será possível ceder o Certificado Original, em caso de transferência de bens de uso temporal, serviços, subsistemas, sistemas e conjuntos de sistemas, para outra concessionária ou

---

[204] Item 3.6 do Regulamento ANP Nº 6/2007 publicado com a RESOLUÇÃO ANP Nº 36/2007.

[205] Idem. Item 3.7

consórcio, na forma do item 3.14.2 do Regulamento nº 6/2007 (Resolução ANP 36/2007). Por exemplo. Se uma plataforma recebeu um certificado de 15% de conteúdo local e foi utilizada por um concessionário, este quando da transferência da plataforma para outra concessionária deverá ceder o Certificado Original que obteve. Não que não possa continuar usando tal percentual, mas, o Certificado deverá acompanhar o sistema ou o conjunto de sistemas. Nestes casos, o concessionário que sofreu o custo de certificar o bem poderá negociar com o novo possuidor uma compensação financeira, a menos que o dono da embarcação assuma esse custo de quatro em quatro anos, rateie seu custo por dia e passe a incluir essa despesa na sua taxa diária de afretamento, aluguel ou arrendamento do bem.

"Jamais dois homens julgaram igualmente a mesma coisa; é impossível verem-se duas opiniões exatamente iguais, não somente em homens diferentes, mas no mesmo homem em horas diferentes."

Michael Montaigne

12
Credenciamento de Entidades para Certificação

Em 13 de novembro de 2007 a ANP editou a RESOLUÇÃO ANP Nº 37[206] que aprovou o Regulamento ANP nº 7/2007 que define os critérios e procedimentos para cadastramento e credenciamento de entidades para Certificação de Conteúdo Local.

Acompanham, como anexos ao regulamento ANP nº 7/2007 os seguintes documentos:

Anexo I – Solicitação de Credenciamento para Certificação de Conteúdo Local;
Anexo II – Termo de Confidencialidade;
Anexo III – Documentação Requerida para Qualificação Técnica;
Anexo IV – Documentação Requerida para Qualificação Jurídica; e
Anexo V – Documentação Requerida para Qualificação Financeira.

---
[206] DOU de 16.11.2007

Como já comentado anteriormente durante a Fase de Transição[207] foram aceitos para comprovação de compromissos contratuais, os valores declarados por fornecedores, como sendo nacional, em cada item do relatório de investimentos que é apresentado pelos concessionários; e após em vigor os procedimentos de Certificação, toda contratação deve prever a certificação do respectivo fornecimento, desde que o contratante necessite.

Cada valor de investimento realizado na aquisição de bens e serviços contratados após a data de entrada em vigor da certificação (11 de setembro de 2008), que estiver apropriado como nacional nos relatórios de investimentos só será considerado, para fins de atendimento ao compromisso de conteúdo local contratual, se estiver acompanhado do respectivo certificado de Conteúdo Local.

Empresas Credenciadas em maio de 2009.[208]

Empresas Credenciadas para as Atividades de Certificação de Conteúdo Local

Lista de Empresas Credenciadas para as Atividades de Certificação de Conteúdo Local		
Código	Descrição da Atividade	Empresa Credenciada
Ge001	Geologia e Geofísica	Terratek Tecnologia Ltda. Det Norske Veritas – DNV ABS Group Services do Brasil Registro Brasileiro de Navios e Aeronaves – RBNA Bureau Veritas do Brasil Sociedade Classificadora Galena Engenharia Millenium Consultores Empresariais – MILLENIUM

---

[207] Os bens e serviços contratados, mas não entregues ou prestados até a vigência da Certificação poderão ser declarados sem a necessidade de certificação.

[208] http://www.anp.gov.br/petro/lista_empresas_certificadoras.asp. Acesso em 6 de maio de 2009.

Código	Descrição da Atividade	Empresa Credenciada
Pe001	Sonda de Perfuração	Bureau Veritas do Brasil Sociedade Classificadora ABS Group Services do Brasil Det Norske Veritas – DNV Registro Brasileiro de Navios e Aeronaves – RBNA Millenium Consultores Empresariais – MILLENIUM SGS do Brasil – SGS Kopsia Engenharia e Telecomunicações
Pe002	Apoio Logístico e Operacional	Bureau Veritas do Brasil Sociedade Classificadora Det Norske Veritas – DNV Registro Brasileiro de Navios e Aeronaves – RBNA Galena Engenharia Millenium Consultores Empresariais – MILLENIUM SGS do Brasil – SGS ABS Group Services do Brasil
Pe003	Perfuração, Completação e Avaliação de Poços	Bureau Veritas do Brasil Sociedade Classificadora Det Norske Veritas – DNV Registro Brasileiro de Navios e Aeronaves – RBNA Galena Engenharia Millenium Consultores Empresariais – MILLENIUM SGS do Brasil – SGS ABS Group Services do Brasil

Código	Descrição da Atividade	Empresa Credenciada
En001	Engenharia Básica e de Detalhamento	Bureau Veritas do Brasil Sociedade Classificadora Det Norske Veritas – DNV First Engenharia Registro Brasileiro de Navios e Aeronaves – RBNA ABS Group Services do Brasil Galena Engenharia Millenium Consultores Empresariais – MILLENIUM SGS do Brasil – SGS
En002	Gerenciamento, Construção, Montagem e Comissionamento	Bureau Veritas do Brasil Sociedade Classificadora Det Norske Veritas – DNV First Engenharia Registro Brasileiro de Navios e Aeronaves – RBNA ABS Group Services do Brasil Galena Engenharia Millenium Consultores Empresariais – MILLENIUM SGS do Brasil – SGS
En003	Sistemas Elétricos, de Controle, Instrumentação e Medição	Bureau Veritas do Brasil Sociedade Classificadora Det Norske Veritas – DNV First Engenharia Registro Brasileiro de Navios e Aeronaves – RBNA ABS Group Services do Brasil Galena Engenharia Millenium Consultores Empresariais – MILLENIUM SGS do Brasil – SGS

Código	Descrição da Atividade	Empresa Credenciada
En004	Sistemas de Telecomunicações	Bureau Veritas do Brasil Sociedade Classificadora Registro Brasileiro de Navios e Aeronaves – RBNA SGS do Brasil – SGS Kopsia Engenharia e Telecomunicações ABS Group Services do Brasil
Es001	Oleodutos, Gasodutos e Tanques de Armazenamento	Bureau Veritas do Brasil Sociedade Classificadora Det Norske Veritas – DNV Registro Brasileiro de Navios e Aeronaves – RBNA ABS Group Services do Brasil Galena Engenharia Millenium Consultores Empresariais – MILLENIUM SGS do Brasil – SGS Kopsia Engenharia e Telecomunicações
Es002	Bombas de Transferência	Bureau Veritas do Brasil Sociedade Classificadora Det Norske Veritas – DNV Registro Brasileiro de Navios e Aeronaves – RBNA ABS Group Services do Brasil Galena Engenharia Millenium Consultores Empresariais – MILLENIUM SGS do Brasil – SGS Kopsia Engenharia e Telecomunicações

Código	Descrição da Atividade	Empresa Credenciada
Up001	Unidades de Compressão	Bureau Veritas do Brasil Sociedade Classificadora Det Norske Veritas – DNV Registro Brasileiro de Navios e Aeronaves – RBNA ABS Group Services do Brasil Galena Engenharia Millenium Consultores Empresariais – MILLENIUM SGS do Brasil – SGS Kopsia Engenharia e Telecomunicações
Up002	Unidades de Geração de Energia Elétrica	Bureau Veritas do Brasil Sociedade Classificadora Det Norske Veritas – DNV Registro Brasileiro de Navios e Aeronaves – RBNA ABS Group Services do Brasil Galena Engenharia Millenium Consultores Empresariais – MILLENIUM SGS do Brasil – SGS Kopsia Engenharia e Telecomunicações
Up003	Unidades de Geração e Injeção de Vapor	Bureau Veritas do Brasil Sociedade Classificadora Det Norske Veritas – DNV Registro Brasileiro de Navios e Aeronaves – RBNA ABS Group Services do Brasil Galena Engenharia SGS do Brasil – SGS
Up004	Unidades de Tratamento e Injeção de Água	Bureau Veritas do Brasil Sociedade Classificadora Det Norske Veritas – DNV Registro Brasileiro de Navios e Aeronaves – RBNA ABS Group Services do Brasil Galena Engenharia SGS do Brasil – SGS

Código	Descrição da Atividade	Empresa Credenciada
Es003	Equipamentos e Controle Submarinos: linhas rígidas, flexíveis, umbilicais e manifolds	Bureau Veritas do Brasil Sociedade Classificadora Det Norske Veritas – DNV Registro Brasileiro de Navios e Aeronaves – RBNA ABS Group Services do Brasil Galena Engenharia Millenium Consultores Empresariais – MILLENIUM SGS do Brasil – SGS
Es004	Monobóias e Quadro de Bóias	Bureau Veritas do Brasil Sociedade Classificadora Det Norske Veritas – DNV Registro Brasileiro de Navios e Aeronaves – RBNA ABS Group Services do Brasil Galena Engenharia SGS do Brasil - SGS
Up005	Sistema de Processamento e Tratamento de Óleo	Bureau Veritas do Brasil Sociedade Classificadora Det Norske Veritas – DNV Registro Brasileiro de Navios e Aeronaves – RBNA ABS Group Services do Brasil Galena Engenharia SGS do Brasil - SGS
Up006	Sistema de Processamento e Tratamento de Gás Natural	Bureau Veritas do Brasil Sociedade Classificadora Det Norske Veritas – DNV Registro Brasileiro de Navios e Aeronaves – RBNA ABS Group Services do Brasil Galena Engenharia SGS do Brasil – SGS

Código	Descrição da Atividade	Empresa Credenciada
Up007	Construção Naval (casco, turret, ancoragem e sistemas navais)	Bureau Veritas do Brasil Sociedade Classificadora Det Norske Veritas – DNV Registro Brasileiro de Navios e Aeronaves – RBNA ABS Group Services do Brasil Galena Engenharia
Up008	Segurança Operacional	Bureau Veritas do Brasil Sociedade Classificadora Registro Brasileiro de Navios e Aeronaves – RBNA ABS Group Services do Brasil Galena Engenharia SGS do Brasil – SGS Kopsia Engenharia e Telecomunicações
En005	Obras Civis e Utilidades	Bureau Veritas do Brasil Sociedade Classificadora Det Norske Veritas – DNV Registro Brasileiro de Navios e Aeronaves – RBNA ABS Group Services do Brasil Galena Engenharia SGS do Brasil – SGS Kopsia Engenharia e Telecomunicações

As concessionárias e fornecedores devem se manter atualizados em relação às certificadoras, buscando no site da ANP[209] as informações sobre as credenciadas, suspensões e descredenciamento, pois, a entidade se compromete a manter no seu site a relação atualizada de entidades credenciadas como Certificadoras, informando as áreas de atuação e as eventuais

---

[209] Até a publicação desta obra a ANP não havia divulgado uma relação de produtos certificados nem de empresas já certificadas, pelos métodos definidos em suas Resoluções, apesar de pedidos das empresas.

suspensões e advertências, já que o descredenciamento faz com que o nome desapareça da relação.

Neste trabalho não se está dando maior ênfase aos procedimentos de cadastramento e credenciamento, especialmente com relação à qualificação jurídica das candidatas ao credenciamento, tendo em vista que a maioria das credenciadas tem configuração nova. Infelizmente, a qualificação financeira só requer inexistência de pendência legal, sem estabelecer um capital social mínimo e a responsabilidade dos representantes legais e técnicos, em caso de erros ou prejuízos cometidos em função da emissão inidônea, fraudulenta ou culposa de certificados, em prejuízo dos concessionários e fornecedores.

De toda sorte a ANP instituiu um Sistema de Gestão de Conteúdo Local – SGCL, conforme o Regulamento ANP 37/2007, para credenciamento dos certificadores, que pode ser executado pela internet no endereço, a seguir:

http://app.anp.gov.br:8080/conteudo_local/sgcl/cadastro.anp

O usuário deve fazer uma "verificação visual" preenchendo uma caixa em branco com o texto fornecido no lado esquerdo da tela e assim recebe o acesso ao SGCL. O sistema registra todos os atos realizados pelo usuário para auditoria posterior da Agência. "O usuário autenticado pela senha será responsável por todas as alterações realizadas em sua sessão".

"A um homem nada se pode ensinar. Tudo que podemos fazer é ajudá-lo a encontrar as coisas dentro de si mesmo!"

Galileu Galilei

13
Auditoria de Conteúdo Local

Entende-se, genericamente, por auditoria o exame das atividades da empresa. Esse exame requer, em regra, uma forma sistêmica de análise. Se for auditoria externa deve ser independente e se for auditoria interna deve promover relatórios e procedimentos, de forma que a empresa possa seguir as regras impostas por lei, pela sociedade ou pela própria corporação. A auditoria avalia se os procedimentos utilizados estão "em conformidade"[210] com os objetivos precípuos da sociedade avaliada.

Há várias áreas de atuação da auditoria, sendo as principais ramificações: auditoria das demonstrações financeiras, auditoria jurídica, auditoria contábil, auditoria de sistemas, auditoria de qualidade e auditoria de recursos humanos.

A questão de auditoria, para alguns órgãos é tão séria que o auditor sequer pode prestar serviços de consultoria que possam caracterizar a perda da sua objetividade e independência.[211]

Com a edição da primeira cartilha de Conteúdo Local, em 2005, baseada no projeto PROMIMP E&P – 14, Cartilha do Conteúdo Local IND P&G-5 PRODUTO DE PROJETO

---

[210] O vocábulo que mais se aproxima da expressão "em conformidade" adotado pelos auditores é "adequada".

[211] Ver artigo 23, I, da Instrução CVM nº 308, de 14 de maio de 1999.

Nº RP-INDP&G05-PIR-001-0 REV. A, começou a circular a ideia de que a Organização Nacional da Indústria do Petróleo – ONIP seria o Auditor das empresas certificadoras. Apesar de a ANP nunca ter se manifestado neste sentido, parecia, plausível que a ONIP exercesse essa atividade, apesar de sua finalidade principal ser de articulação e cooperação entre as companhias privadas e organismos governamentais para contribuir para o aumento da competitividade global do setor.[212]

Quando surgiu o "sistema de certificação" através das Resoluções 36, 37, 38 e 39 de novembro de 2007, para surpresa geral a ANP se autodenominou a Auditora das Certificadoras de Conteúdo Local. A Agência sequer incluiu na norma a possibilidade de nomear Auditor *Ad Hoc*.

Na Lei do Petróleo não há qualquer menção de que a Agência tenha por característica ou função a auditoria de contratos com terceiros. Na redação do artigo 8º da Lei nº 9.478 a ANP tem como finalidade "promover a regulação, a contratação e a fiscalização das atividades econômicas integrantes da indústria do petróleo".

A ANP deveria se manter como fiscalizadora do auditor, que, acredita-se, poderia ser uma das empresas independentes de auditoria que são devidamente registradas na CVM e exercem esse papel com bastante independência e seriedade.

Deve-se estabelecer uma diferença bem grande entre o papel fiscalizador da ANP, um poder-dever que há em toda Agência, que não pode ser misturado com o papel autodeterminado pela ANP como "auditora" das certificadoras de Conteúdo Local. A bem da verdade a ANP não tem estrutura para visitar certificadores e concessionárias, não criou a nomeação *ad hoc* para poder investir terceiros com o poder de auditar; e seu orçamento, quase sempre contingenciado, impede que possua uma estrutura adequada de pessoal. Portanto, mesmo que fosse legal esse papel de auditor, hoje, como é estruturada a ANP não teria condições de exercer essa função a contento.

---

[212] http://www.onip.org.br/main.php?idmain=quemsomos&mainpage=VisaoGeral.htm, acesso em 3 de julho de 2009.

Entendemos que a ANP está confundindo a sua função fiscalizadora com a função de auditoria, que deveria ser entregue a terceiros.[213]

Com a emissão da Resolução ANP nº 38, de 13 de novembro de 2007, que aprovou o Regulamento nº 8/2007, a Agência passou a definir os critérios e procedimentos de Auditoria nas empresas de Certificação de Conteúdo Local. A ANP realizará auditorias nas Certificadoras com a finalidade de:[214]

    a) Verificar a regularidade e a conformidade da documentação, procedimentos e processos internos adotados nas atividades de certificação;
    b) Verificar a conformidade da documentação e procedimentos referentes à certificação de determinado produto;
    c) Certificar-se quanto a correta aplicação das normas do presente e do Regulamento de Certificação de Conteúdo Local.

No formato atual, a ANP poderá realizar auditorias a qualquer tempo, desde que notifique a Certificadora, dando o prazo mínimo de 30 dias para que a Certificadora possa providenciar documentos e se organize para receber a Agência.

A auditoria, a princípio, será feita nas próprias dependências da ANP ou nas dependências da credenciada. Apenas, no caso dos dois auditores, servidores do quadro efetivo da ANP, julgarem necessária a fiscalização *in loco* a Certificadora disponibilizará os meios necessários, mediante notificação prévia dez dias, para a execução de tal verificação.[215]

---

[213] Deveria ser exercido o papel de auditoria por empresas de auditoria ou entidades como ONIP, IBP, ABPIP, etc. O problema com entidades e associações é o eventual "conflito de interesses".

[214] Item 5.1 do do Regulamento ANP Nº 8/2007 publicado com a RESOLUÇÃO ANP Nº 38/2007.

[215] Ver itens 7.4 e 7.6 do Regulamento nº 8/2007.

Afigura-se que a ANP não tenha em seus quadros servidores efetivos com formação de auditoria e, mesmo que ela tenha alguns, não os tem em número suficiente para auditar 21 atividades (leia-se especializações) diferentes, o que reforça a tese de que empresas de auditoria ou a própria ONIP poderiam se preparar para essa função. Para que isso seja válido, basta que a ANP altere ou promulgue nova resolução alterando o regulamento, permitindo que os auditores possam ser terceiros, qualificados, nomeados *ad hoc*. Neste sentido, passando a exercer suas reais funções.

"A riqueza não semeia num solo abalado por terremotos políticos."
Rui Barbosa

14
A forma de controle da ANP sobre os concessionários

Muito mais do que auditora a ANP tem o papel de fiscalizar as atividades desempenhadas pelos concessionários. Nos contratos de concessão das Rodadas 1, 2, 3 e 4 o concessionário ou consórcio poderia apenas oferecer o percentual desejado no momento da licitação, nos termos da cláusula 19.3.1.,[216] *in verbis*:

> "19.3.1 Além das exigências do parágrafo 19.3, o Concessionário:
> (a) durante a Fase de Exploração, comprará de Fornecedores Brasileiros um montante de bens e serviços de forma que a Porcentagem dos Investimentos Locais na Fase de Exploração seja igual a 5% (cinco por cento); e
> (b) durante a Etapa de Desenvolvimento da Produção, para cada Área de Desenvolvimento, caso houver alguma, comprará de Fornecedores Brasileiros um montante de bens e serviços de forma que a Porcentagem dos Investimentos Locais na

---
[216] Extraído do contrato de concessão da primeira rodada de licitações.

Etapa de Desenvolvimento da Produção seja igual a 15% (quinze por cento)".

Para os contratos dessa época, qualquer fiscalização da ANP é restrita à verificação do alcance do percentual oferecido.

A estrutura de fiscalização da ANP, segundo pode-se apurar, é composta de três fases:

- Fase declaratória;
- Fase de auditoria; e
- Fase da aplicação das penalidades, se aplicável.

i) A Fase Declaratória deve compreender o recebimento e análise dos Relatórios de Gastos Trimestrais,[217] devendo ser apresentados pelo Concessionário, em planilha eletrônica, até o 15º dia útil do segundo mês subsequente ao encerramento de cada trimestre, conforme o item 2.2 do Regulamento Técnico dos Relatórios de Gastos Trimestrais, aprovado pela Portaria ANP 180/2003.

Nas rodadas a partir de novembro de 2007, a fase declaratória também pode abranger os relatórios de investimentos, instituídos através da Resolução ANP nº 39, de 13.11.2007 que aprova o Regulamento ANP nº 9/2007 (Periodicidade, formatação e o conteúdo dos relatórios de investimentos).

ii) A fase de auditoria do concessionário (baseada no contrato de concessão): é iniciada com a instauração do processo administrativo visando confirmar o cumprimento da obrigação contratual referente ao conteúdo local. Não se deve confundir a auditoria de conteúdo local com a auditoria para verificação do cumprimento das obrigações contratuais. De toda sorte a ANP pode avaliar o cumprimento da cláusula de Conteúdo Local durante a fiscalização.

---

[217] Estabelecidos através da Portaria ANP nº 180/2003.

Funciona, inicialmente, através de um ofício para a Concessionária disponibilizar à Agência todos os documentos e informações que compõem os gastos apresentados nos Relatórios de Gastos Trimestrais – Exploração,[218] para os efeitos de cômputo do Conteúdo Local Mínimo, previsto na Cláusula de Conteúdo Local do Contrato de Concessão. Em geral, os documentos objeto da fiscalização envolvem: notas fiscais, contratos de prestação de serviços, de aluguéis, afretamentos e arrendamentos, comprovantes de pagamento e/ou remessa de divisas, planilhas de rateio de custos, folhas de pagamento de pessoal próprio, documentos de custeio de materiais utilizados, declarações de fornecedores e outros que julgarem necessários para os exames dos gastos realizados. Havendo o não cumprimento do Conteúdo Local por falta de fornecedores locais é fundamental formar provas e juntar ao processo de licitação interno os anúncios que comprovam o chamamento ao processo de concorrência ou de licitação.

A ANP concede, em geral, o prazo de 20 (vinte) dias a contar do recebimento do ofício para a Concessionária apresentar os documentos, sendo possível o pedido de prorrogação, desde que fundamentado.

Se o percentual comprometido for baixo é razoável que o Concessionário apresente as principais faturas mais relevantes de modo a totalizar pelo menos 50% dos gastos totais, por ser razoável e por tornar o processo de auditoria mais eficiente.

O concessionário deve protocolar na ANP correspondência encaminhando tais documentos (ex.: notas fiscais, contratos e relatórios).

iii) Fase da aplicação das penalidades. Esta fase se inicia após a conclusão do relatório de fiscalização do conteúdo local. Em regra a Agência conclui com certa margem de segurança que "foi verificado o cumprimento do compromisso

---

[218] Idem.

contratual de _% (_____ por cento) de aquisição de bens e serviços locais na realização dos investimentos na atividade de Exploração do Bloco _____".[219]

Se o percentual não for cumprido, a depender da Rodada de Licitações, a ANP aplica a multa[220] estabelecida no referido contrato.

---

[219] Adotado como exemplo o Relatório de Fiscalização do Conteúdo Local do Bloco BM-ES-1, http://www.anp.gov.br/doc/participacoes_governamentais/fiscalizacao/BM-ES-1.pdf , acesso em 28 de agosto de 2008.

[220] Conforme já comentado a multa variou de rodada para rodada. A partir da 7ª Rodada é que ela se mantém em 60% para descumprimentos até 64,99% ou 100% para descumprimentos nos percentuais acima de 65%.

"É próprio do homem enganar-se, principalmente quando não copia, mas cria; quando não vai no rastro de estranhos, mas anda em busca do caminho do futuro."

Ilia Ehrenburg

15
O Conteúdo Local para os fornecedores das Concessionárias de E&P

A ANP, a princípio, só poderia interferir nas atividades dos agentes por ela regulados, tendo em vista que não tem qualquer vínculo com os fornecedores das Concessionárias de E&P. O vínculo entre as partes é contratual, já que não há qualquer vínculo legal entre a ANP e cada Fornecedor. A Concessionária (ou o Consórcio) deverá firmar contrato de serviços ou bens com os fornecedores, com cláusulas específicas, a respeito de Conteúdo Local.

O cumprimento de obrigações far-se-á por contratos entre o fornecedor e as concessionárias, usando-se o mesmo princípio *pacta sunt servanda*.

As concessionárias podem (e devem) usar o site da ANP como uma forma de indicar aos seus fornecedores onde estão as obrigações que se submeterão a cumprir.

A Cartilha de Conteúdo Local é (hoje) a ferramenta única de medição. Assim como todas as definições, métodos e critérios para cálculo do Conteúdo Local que são adotados pelas certificadoras, as definições, métodos e critérios a serem adotados pelos fornecedores devem ser igualmente extraídos da Cartilha de Conteúdo Local, que é o ANEXO III do Regulamento ANP Nº 6/2007, publicado com a RESOLUÇÃO ANP Nº 36/2007.

Como a maioria dos contratos entre concessionárias e fornecedores é em inglês, já disponibilizamos no capítulo 6 alguns modelos de cláusulas e definições a serem incorporadas nos contratos de fornecimento.

Para os fornecedores, a grande questão é: como eles podem acatar esse tipo de cláusula? Será que se submeteriam a esse tipo de obrigação contratual?

Bem, não há outra forma de persuadi-los a não ser comentado que eles devem apor nos contratos índices reais de Conteúdo Local. Índices que eles possam cumprir, acima de 10%, se não forem Sonda, Sísmica ou brocas. Caso contrário, devem firmar o contrato (ou a proposta) e no espaço reservado para preenchimento do percentual escrever 0% (zero por cento) de Conteúdo Local. Caberá ao Concessionário utilizar ou não o fornecedor, admitir ou não a proposta como válida e dar continuidade ao processo de licitação interno até que firme com alguém o contrato.

Se por acaso o fornecedor apor zero de Conteúdo Local, seja na proposta seja no próprio contrato de prestação de serviços ou de venda de bens ou produtos, a concessionária poderá provar, com isso, à ANP que não tinha condições de cumprir o Conteúdo Local, naquele item específico, cabendo à ANP julgar se libera ou não a Concessionária da obrigação com relação ao item ou subitem específico.

Para o período DECLARATÓRIO, que vigeu até a entrada em vigor da necessidade de certificação de documentos, processos e produtos, os fornecedores deveriam[221] entregar uma DECLARAÇÃO DE CONTEÚDO LOCAL, da qual já sugerimos um modelo no capítulo 6.4.

---

[221] Ou "devem" já que os bens e serviços contratados, mas não entregues ou prestados até a vigência da Certificação podem ser declarados sem a necessidade de certificação.

Os fornecedores devem conhecer as resoluções da ANP e se necessário estudar e baixar as planilhas de bens, serviços, bens de uso temporal e de sistemas e subsistemas. Para fazer o *download* das planilhas[222] para cálculo de conteúdo local é necessário visitar o site do Prominp,[223] clicar em *downloads*, clicar em Cartilha de Conteúdo Local no subitem "Cartilha – versão português" (ou na versão em inglês) e em seguida abrir os arquivos do WinZip. Aparecerão 5 (cinco) arquivos, sendo os quatro primeiros planilhas em Excel e o último a cartilha em Adobe (pdf), que também já se encontra no ANEXO III do Regulamento ANP Nº 6/2007, publicado com a RESOLUÇÃO ANP Nº 36/2007.

---

[222] Não é possível encontrar as planilhas em excel no site da ANP, que só disponibiliza ditas planilhas como figuras que constam da Resolução ANP nº 36/2007.

[223] http://www.prominp.com.br

> "A simplicidade é o último
> grau de sofisticação."
> *Leonardo da Vinci*

16
As limitações de fornecedores nacionais e dos prestadores de serviços nacionais

Em maio de 1999 foi publicado um extrato de parte do trabalho de consultoria que foi realizado pela Pontifícia Universidade Católica do Rio de Janeiro – PUC/RJ para a ANP, intitulado "Mecanismos de Estímulo às Empresas Concessionárias de Petróleo a adquirirem Equipamentos/ Materiais e Serviços no Mercado Nacional". Esse extrato tomou o nome – na ANP –[224] de "Avaliação da Competitividade do Fornecedor Nacional com relação aos Principais Bens e Serviços" e está datado de maio de 1999, a seguir:

> " Em 1954, quando apenas parafusos, chumbadores, e peças similares foram produzidos no País para as refinarias da Bahia (RLAM) e de Cubatão (RPBC), o índice de compras no Brasil era de cerca de 10%. Em 1979 ele já atingia 84% de materiais e equipamentos adquiridos no País. As modestas acumulações de óleo e gás descobertas em terra incentivaram a exploração em uma nova fronteira, o mar. Com a descoberta do campo de Garoupa

---
[224] http://www.anp.gov.br/brasil-rounds/round1/Docs/compet.pdf acesso em 9 de julho de 2009.

na Bacia de Campos em 1974 – 100 km da costa, 120 m de lâmina-d'água – e em seguida dos campos de Badejo, Namorado, Cherne, Enchova, etc. em um total de 27 acumulações na década de 70, a Petrobras iniciou um novo ciclo. A descoberta de campos *offshore* e a necessidade do desenvolvimento da produção das acumulações descobertas, impactou a empresa com uma nova tecnologia. Os serviços, materiais e equipamentos necessários para as plataformas e sistemas de produção no mar eram novos para a Petrobras e para o parque supridor nacional, acostumado com as características e demandas do segmento do Abastecimento. As compras tiveram que ser realizadas no exterior, ocorrendo uma grande queda nos índices de colocação de compras no País para 52% em 1980".

Como se pode extrair do texto, novas descobertas, a necessidade do desenvolvimento da produção com novas tecnologias, novos serviços, materiais e equipamentos necessários para novos projetos e a necessidade de superação dos supridores nacionais geram a busca de novos fornecedores, onde quer que eles estejam, alterando substancialmente os índices de compras locais.

Outros elementos que influenciam os índices de aquisições de bens, serviços e mão-de-obra no Brasil são os custos financeiros e, especialmente, a carga tributária das empresas.

No trabalho *Perspectivas do Fornecimento de Bens e Serviços em Regiões de E&P Terrestre* os autores comentam o seguinte:

"a atratividade do setor petrolífero é fortemente influenciada pela competitividade do suprimento local. No caso brasileiro, a competitividade industrial é afetada pela excessiva carga tributária, custo elevado do financiamento, câmbio desfavorável, bem como por carências de atualização tecnológica".[225]

E arrematam o assunto, mencionando que o Conteúdo Local é elevado, apesar de "a entrada de novos operadores independentes tem aumentado a demanda por bens e serviços num ritmo superior à capacidade de atendimento por parte das empresas instaladas regionalmente".[226]

Um bom exemplo de impacto na demanda, quando a carga tributária é reduzida, pode ser tirado do relatório da United Nations Industrial Development Organization (UNIDO) sobre a indústria automobilística no Brasil e na Tailândia dos anos 90:

> "Taxation policies can have a significant impact on vehicle demand. This was seen clearly in Brazil in the 1990s. Tax concessions on "popular" cars shifted demand towards small and cheaper vehicles. Similarly, in Thailand favourable taxation for pick-ups created a market in which demand was overwhelmingly oriented towards light pick-up trucks. In 1996, passenger cars accounted for only 30 per cent of all vehicle sales in Thailand, compared with 76 per cent in neighbouring Malaysia. As a result, Thailand is one of the world's leading producers of light pick-ups".[227]

---

[225] PEDROSA, Oswaldo, GUIMARÃES, Paulo Buarque e FERNÁNDEZ Y FERNÁNDEZ, Eloi. Perspectivas do Fornecimento de Bens e Serviços em Regiões de E&P Terrestre In FERREIRA, Doneivan Fernandes (org.). *Produção de Petróleo e gás em Campos Marginais*: um nascente mercado no Brasil – Komedi, Campinas, SP, 2009, p. 446.

[226] Idem.

[227] Em http://www.unido.org/fileadmin/import/11902_June2003_Humphre yPaperGlobalAutomotive.5.pdf, relatório da UNIDO, Viena, 2003, página 18. Acesso em 24.6.2008.

Um exemplo mais recente, do mesmo segmento, é o fenômeno e recorde de vendas de veículos novos em 2009, em razão da redução de 5% de IPI no Brasil.

Os fornecedores brasileiros precisam alcançar os padrões internacionais de qualidade, preço, prazo de entrega e também de procedimentos e padrões comportamentais éticos, para serem competitivos. É preciso que se exponham à concorrência.

Infelizmente, o custo do dinheiro aliado à carga tributária reduz o investimento em bens de capital, em novos negócios e gera a baixa capacidade instalada da indústria. Na maioria dos anos nas últimas décadas sempre foi mais interessante aplicar o capital existente no mercado financeiro do que apostar na ampliação ou abertura de um negócio próprio. Já nos anos 70 e 80 o que incentivou o crescimento da indústria local no segmento de petróleo foi, na verdade, os preços do petróleo e o interesse da Petrobras em investir em pesquisas em águas profundas.

A ANP tem que avaliar que, depois de maio 1999, nenhum outro estudo foi divulgado pela Agência, para que se pudesse avaliar o real percentual dos "índices de colocação de compras no País".Então, como pode a Agência estabelecer percentuais mínimos, se não há parâmetros disponíveis para avaliar se os mesmos podem ou não ser efetivamente alcançados? Já é uma praxe nos seminários da ANP, que antecedem as rodadas de licitação, os convidados se manifestarem comentando que não há sondas disponíveis, que não há fornecedores disponíveis, etc. A Agência, por sua vez, adota o procedimento padrão de entender que o Concessionário deve fazer um esforço para alcançar os percentuais, construir no País o que for necessário para cumprir a oferta prometida, ainda, que a ANP saiba que não há disponibilidades e que o desenvolvimento de novos fornecedores toma muito tempo e exige fortes investimentos.

No saber de Cavadas e Câmara "as políticas protecionistas também têm seus riscos. A própria experiência brasileira mostra que episódios de apoio incondicional à indústria local desencadearam, quando da finalização dos programas incentivadores, crises nas regiões produtoras. A perda de competitividade pela ausência de concorrência, isto é, estancamento ou redição da qualidade, aumento dos prazos ou ausência de investimento para o desenvolvimento de novas tecnologias, enfim, a endogenia leva a indústria local a vícios e à consequente perda de suas vantagens competitivas".[228]

É como bem questionam Juliana Cardoso de Lima e Arthur Souza Rodrigues no trabalho que fizeram para a Rio Oil & Gas 2006:[229] "como pode o Conteúdo Local ser considerado como um critério de julgamento das ofertas, se efetivamente só pode ser averiguado ao longo cumprimento do contrato?" E os autores terminam sua conclusão dizendo que "Em última análise, este critério de julgamento faz com que as rodadas de licitação percam a objetividade requerida para este tipo de procedimento".[230]

Como se sabe não há uma política industrial definida para o segmento de petróleo. Não ocorre a reforma tributária, porque é preciso muito esforço para "federalizar" o ICMS; e – via de regra – o que vemos não são reformas, são contínuas formas de aumentar a arrecadação. O entra-e-sai de governantes não reduz as despesas públicas; os empresários e o povo sofrem com grandes cargas tributárias, sem a devida retribuição do Estado.

---

[228] CAVADAS, Nicolás Honorato e CÂMARA, Roberto José Batista. Fornecedores Locais para Produtores Independentes – Registro Histórico do Fornecimento de Bens e Serviços na Bahia e o Surgimento da RedePetro. In FERREIRA, Doneivan Fernandes (org.). *Produção de Petróleo e gás em Campos Marginais*: um nascente mercado no Brasil – Komedi, Campinas, SP, 2009, p. 113.
[229] LIMA, Juliana Cardoso de e RODRIGUES, Arthur Souza. A Sétima Rodada de Licitação e o Conteúdo Local. Trabalho nº IBP1497/2006, apresentado na Rio Oil & Gas 2006.
[230] Idem.

Os fornecedores sofrem ainda com alguns benefícios fiscais setoriais que não colocam em pé de igualdade os custos tributários entre concorrentes externos e internos.

A globalização dos mercados faz com que os empresários arrisquem mais, no sentido de procurarem alcançar a qualidade e tecnologia de ponta, sob pena de verem suas demandas reduzidas, pelo aparecimento de novos entrantes em cada mercado, cada vez mais preparados tecnologicamente, com boas propostas de redução de custos. É o resultado dessa busca que produz o desenvolvimento de países e de determinados mercados. Se os governos ajudarem um pouco os empresários farão a sua parte.

> "O conformismo é o carcereiro da
> liberdade e o inimigo do crescimento."
> *John F. Kennedy*

17
Próximos passos para as Concessionárias e fornecedores de bens e serviços

17.1 Concessionárias

As concessionárias devem continuar a propor o debate com a ANP, de forma que a porta do diálogo seja mantida aberta, buscando, se possível, soluções para que o Conteúdo Local seja mantido como fomentador, mas, sem que seja um critério de julgamento das ofertas, por ser um critério não-prático, incomum, não objetivo, oscilante no tempo.

Nos documentos que consubstanciam o Conteúdo Local da 1ª à 4ª Rodadas o Concessionário deverá ter arquivos que evidenciem convites e a "preferência" à contratação de Fornecedores Brasileiros, demonstrando, se for o caso, que as ofertas locais (se existentes) apresentavam condições de preço, prazo e qualidade não equivalentes às de outros fornecedores convidados a apresentar propostas, caso tenham optado por fornecedores não-nacionais.

Deve-se atentar para o fato que contratos firmados até 11 de setembro de 2008 podem ter o Conteúdo Local declarado pelos fornecedores; sendo que a metodologia da cartilha só exigida a partir de 2005.[231]

---

[231] Passou a fazer parte do Edital da 7ª Rodada. Ver comentários sobre a legalidade da Cartilha no capítulo 2.2.

As concessionárias devem cobrar da ANP a fonte e a origem dos percentuais mínimos e máximos estabelecidos para o cumprimento do Conteúdo Local divulgado nos editais, de cada ano. Assim como devem cobrar a divulgação de novos estudos e, especialmente, de métodos mais simples; e, se mantida a cartilha, que seja publicado um manual explicativo, contendo, especialmente, todas as omissões comentadas neste trabalho (bens de produção, *overheads*, etc.).

Se o Concessionário tiver certeza de que o Conteúdo Local não poderá ser cumprido, seja por culpa do fornecedor, seja por questões mercadológicas, sugere-se utilizar o direito de petição e provocar uma consulta à PROGE[232] questionando o assunto, informando que o não cumprimento de Conteúdo Local se deu – por exemplo – pela inexistência de fornecedor adequado (total ou parcial) ou pela falta de fornecedor/produto certificado, juntando, por óbvio, provas dos seus esforços, tudo com cópia, para a Coordenadoria de Conteúdo Local da ANP.

Internamente os concessionários devem fazer reuniões interdepartamentais para estabelecer todo o fluxo de informações e de documentos, em especial notas fiscais, contratos e relatórios de gastos e de investimentos. As concessionárias devem atualizar e padronizar cláusulas contratuais de Conteúdo Local; devem aceitar declarações dos fornecedores, apenas durante o prazo de transição (incluindo contratos assinados antes de 11 de setembro de 2008) e depois disso tratar de exigir (contratualmente) dos fornecedores a certificação de produtos e de processos produtivos. Devem estabelecer controles (no departamento financeiro); estabelecer internamente um Coordenador de Conteúdo Local, para que seja o líder desse projeto e possa acompanhar fiscalizações, auditoria e o envio de todos os relatórios de gastos e de investimentos à ANP, até que todo o fluxo de informações e documentos estejam sistematizados.

Os concessionários deverão estabelecer novos controles para as ofertas de fornecedores para o setor de compras (*procurement*), estabelecendo comprovantes de convites, pu-

---

[232] Procuradoria-Geral Federal, através dos Advogados-Gerais da União que atuam na ANP.

blicações em jornais e todo o tipo de evidência de que fornecedores brasileiros foram convidados para as concorrências e licitações, além de evidenciar os casos, com memorandos internos, quando os fornecedores forem inexistentes ou de alguma forma não consigam cumprir 100% da licitação/concorrência (ou contrato).

Nos casos onde os concessionários já possuem uma boa estrutura no Brasil, fornecendo a si mesmo, nos próprios projetos, bens, serviços e mão-de-obra próprios, deverão providenciar para que esses processos internos sejam objeto de certificação, contratando uma Certificadora.

17.2 Fornecedores

Os fornecedores devem avaliar as cláusulas contratuais oferecidas pelas concessionárias e consignar o percentual real de Conteúdo Local que podem cumprir, seja pelo critério declaratório; e neste caso a ANP e as certificadoras são obrigadas a aceitar o porcentual declarado; seja no período pós-declaratório, pelo que deverão contratar certificadoras para seus produtos e/ou processos produtivos.

O fornecedor não pode se colocar à mercê das certificadoras, no sentido de receber certificações em troca de pagamentos percentuais sobre o valor dos produtos ou da nota fiscal a ser emitida. Preferencialmente, os fornecedores devem estabelecer um preço fixo para a certificação de processos e um preço compatível para a certificação de produtos.

Internamente, os fornecedores devem fazer reuniões interdepartamentais estabelecendo os critérios de formação do percentual de Conteúdo Local, especialmente a área técnica, produção e custos devem estar juntos neste processo, para fazer o cálculo sobre bens, produtos, serviços e mão-de-obra.

Devem ser padronizadas as declarações aos Concessionários; devem emitir declarações durante o prazo de transição e buscar a certificação, após a análise estratégica de todo o processo interno.

Igualmente, os fornecedores devem definir controles e estabelecer um Coordenador de Conteúdo Local, para que seja o líder desse projeto e possa acompanhar as certificações, declarações emitidas e possam avaliar junto com a auditoria interna se o fluxo de documentos que saem para as concessionárias é acompanhado da declaração ou do certificado, na forma das resoluções da ANP, para atender o contratado com as concessionárias.

Por livre iniciativa, os fornecedores devem buscar – antecipadamente – a certificação de seus produtos e, preferencialmente, procurar certificar processos produtivos e serviços padronizados, ao invés de certificar documento a documento, produto a produto ou serviço a serviço, sob pena de ficarem escravos do processo de certificação.

17.3 Produtores independentes

Os produtores independentes devem ter um comportamento parecido com o das concessionárias de grande porte. Devem, também, continuar propondo o debate com a ANP, especialmente, pelas dificuldades em localizar fornecedores regionais e em muitos casos fornecedores nacionais, apesar dos percentuais de Conteúdo Local exigidos.

Devem, igualmente, cobrar da ANP a fonte e a origem dos percentuais mínimos e máximos estabelecidos para o cumprimento do Conteúdo Local divulgado nos editais de cada ano.

Como os produtores independentes dependem muito da aquisição interna de sua produção e esse mercado não está nada fácil, resta a eles se juntarem em associações e instituições para buscarem, juntos, a proteção de seus direitos. Devem constantemente provocar, utilizando o direito de petição, consultas à PROGE[233] questionando sobre questões que envolvam o CADE, questões sobre os percentuais de Conteúdo Local e

---

[233] PROCURADORIA-GERAL FEDERAL, através dos Advogados-Gerais da União que atuam na ANP.

questões quanto ao não cumprimento de Conteúdo Local pela incapacidade industrial instalada, pela baixa capacidade técnica local disponível, pelo tamanho real do mercado nacional e, principalmente, pela inexistência de fornecedores brasileiros em itens e subitens específicos. Nos assuntos que envolvam exclusivamente Conteúdo Local o pleito deve seguir com cópia para a Coordenadoria de Conteúdo Local da ANP.

Como as questões tributárias e a falta de acesso aos dados geológicos são questões políticas, que dependem da vontade dos governantes e administradores públicos, não se pode fazer nada a não ser reclamar e rezar para que essas políticas mudem.

"Não se pode olvidar, ademais, que o capital sempre migra para os países onde estão as melhores oportunidades de investimentos e que lhe oferecem maior segurança, sobretudo jurídica."

Ministra Ellen Gracie[234]

18
Conclusões e sugestões

Neste trabalho foi possível perceber que Conteúdo Local não tem definições precisas nas regras editadas e que sempre foi tratado, no passado, como uma fórmula, mesmo depois da criação da ANP. Na verdade, trata-se de um processo de estímulo, ao fornecimento de bens e serviços brasileiros, em prol do desenvolvimento da indústria local de bens e serviços, para a geração de emprego e renda. Também pode ser referido como um processo de substituição de importações visando a ampliação da capacidade de fornecimento local, para atingir níveis internacionais de competição empresarial.

A forma escolhida pela ANP de determinar o conteúdo local é muito onerosa e complexa, especialmente se considerarmos que o Conteúdo Local está sendo exigido até na fase de exploração. A Agência criou, tardiamente, uma Coordenadoria de Conteúdo Local, mas, sem qualquer independência de julgamento dos casos, como ocorre, por exemplo, na Nigéria,

---

[234] Trecho da decisão da Ministra Ellen Gracie do Supremo Tribunal Federal – STF nos autos da Suspensão de Liminar nº 176 de 2007. Na oportunidade o STF decidiu pela suspensão das liminares concedidas e, por consèguinte, pela continuidade da 8ª Rodada de Licitações da ANP.

através da Divisão de Conteúdo Local Nigeriano (NCD)[235] que decide os casos especiais, se demonstradas as razões que alteraram o percentual comprometido.

Se quiséssemos simplificar a forma de apuração do Conteúdo Local poderíamos usar o exemplo do México. Se o projeto tem intensiva mão-de-obra o conteúdo local mínimo é de X% (lá é de 40%); e se o projeto requer intensivo capital o conteúdo local mínimo é de X% (lá é de 25%), sendo que no Brasil poderíamos simplesmente definir melhor esses percentuais. Se não fosse possível o cumprimento, desde que comprovado, a Coordenadoria de Conteúdo Local poderia decidir sobre o caso e submeter a questão à decisão colegiada da Diretoria da ANP, convidando interessados para prestar informações, esclarecimentos e, se for o caso, emitir declarações de concordância com o pleito, em especial, convidando todos os que fizerem lances no mesmo bloco do leilão e não foram agraciados, em decorrência do Conteúdo Local ofertado pelo vencedor, que agora não consegue cumpri-lo. Esse procedimento tornaria todo o processo limpo, às claras e sem esbarrar em vícios e questões jurídicas.

Da maneira como está posta a cartilha requer a participação de um grupo multidisciplinar para preenchê-la, especialmente, para o momento das ofertas nas licitações.

Ao invés de planilha de Conteúdo Local com itens e subitens deveria ser criado um plano de desenvolvimento local, com percentuais que envolvam intensiva mão-de-obra e intensivo capital, cada um deles com seu número proporcional declarado no plano. Multa de 100% no descumprimento caso tenha ganho o bloco sozinha; e multa de 200% caso outras empresas tenham feito ofertas no mesmo bloco, com percentuais declarados em seus planos em percentuais superiores ao do vencedor. Apenas o descumprimento por força maior, comprovado, caracterizado e admitido, inclusive, pelas empresas concorrentes e pela Coordenação de Conteúdo Local, poderá

---

[235] Nigerian Content Division.

ser relaxado, por decisão colegiada da Diretoria da ANP. Esses procedimentos devem ser estabelecidos em regulamento.

A Cartilha de Conteúdo Local é um exercício de futurologia, que pode estar emperrando tanto o processo de licitação quanto o próprio processo de estímulo ao fornecimento local, por ser o Conteúdo Local um dos critérios de julgamento das ofertas. A Cartilha não é esclarecedora. São muitas as dúvidas das empresas concessionárias. Por exemplo, como ficariam as regras em caso de unitização, se nem mesmo a unitização foi objeto de regramento da ANP? Na hipótese de unitização qual rodada prevalecerá, se os blocos foram adquiridos em rodadas diferentes (leia-se regras diferentes)? Dados adquiridos da própria agência serão certificados? A despesa com a própria certificação pode ser considerada Conteúdo Local?

A ANP deve abandonar a planilha ou criar regras com conteúdos mais esclarecedores, especialmente, no que se refere a critérios, métodos e noções essenciais para todo o vigamento de suporte do tema.

A enorme carga tributária que enfrentam os empresários brasileiros de todos os segmentos da indústria afeta diretamente a competitividade industrial. Além disso, a falta de investimentos em estudos e a consequente lentidão no desenvolvimento de novos métodos, bens e produtos, nos leva à total privação tecnológica. Aliado a isso, nossos custos são altíssimos e nossa moeda em relação a outras tem se mostrado um impedimento para a exportação.

Todo e qualquer estímulo para o ingresso de novos *players* no mercado altera substancialmente a demanda de fornecedores, certamente, num percentual sempre superior à capacidade instalada. Por outro lado, cada vez que se cria incentivos fiscais a demanda inversamente se posiciona, havendo mais oferta de bens, serviços e até empregos.

A Capacidade dos fornecedores locais depende de diversos fatores, dentre eles destacamos:

a) Demanda mundial por equipamentos e serviços;
b) Preço do Petróleo no Mundo;
c) Valor do dinheiro no Brasil;[236]
d) Incentivos fiscais;
e) Disponibilidade monetária para empréstimos;
d) Interesse de empresas internacionais em se instalarem;[237]
e) Qualificação (e qualidade) dos fornecedores brasileiros;
f) Adaptação ao mercado internacional;
g) Cotação internacional da moeda;
h) Investimentos em pesquisa e desenvolvimento.

Deve-se notar que tirando um ou outro fator, acima separado, depende do empresariado brasileiro. A maioria das ações depende de vontade política[238] ou de regras mercadológicas. Providencial é destacar que havendo ambiente de segurança jurídica e regras tributárias e regulatórias postas, o empresariado investe, cresce e amplia seus mercados. A exigência de Conteúdo Legal tem natureza contratual, *pacta sunt servanda*, sem amparo legal, onde a ANP, a princípio, está atuando fora da esfera estabelecida pelo legislador impondo obrigações que visam o seu cumprimento por terceiros, sem poder garantir que os limites mínimos estabelecidos serão alcançados. Não alcançando o Concessionário os limites mínimos, antes do pagamento da multa, este poderá, desde que possua justificativas e provas adequadas, pleitear a redução da multa por obrigação excessivamente onerosa, além de poder pleitear a força maior, se ao tempo da execução dos serviços e da aquisição de bens não houver disponibilidade de fornecedores locais ou se esses só puderem cumprir parcialmente os percentuais estabelecidos.

---

[236] Custo do capital para investimento = juros.

[237] Mix entre partes importadas e aquisição de componentes locais.

[238] No aspecto político a ANP não pode fazer muito por si mesma.

A Lei nº 9.478/97, em seu artigo 40, determinou que a proposta mais vantajosa no julgamento das ofertas será identificada por critérios. Isso significa dizer que são critérios práticos, positivos e válidos para todos os ofertantes, como segue:

> "Art. 40. O julgamento da licitação identificará a proposta mais vantajosa, segundo **critérios objetivos**, estabelecidos no instrumento convocatório, com fiel observância dos princípios da legalidade, impessoalidade, moralidade, publicidade e igualdade entre os concorrentes".

Ora, vimos que Conteúdo Local no Brasil não é prático, há itens, subitens e planilhas ou programas enormes a serem preenchidos, dependendo de condições econômicas, preço do petróleo no mercado internacional e muitas outras variáveis para ser possível, para, no futuro acertarmos seus percentuais. Não dá para chamar isso de critério objetivo.

Pode-se ir até um pouco mais longe, pois, caso a ANP tenha ciência de que não há disponibilidade de fornecedores no Brasil para as concessionárias alcançarem os percentuais mínimos de Conteúdo Local, por certo, estará a Agência ferindo os artigos 17 e 40 da Lei do Petróleo, por não observância do princípio da moralidade, que como consagradamente coloca o professor francês Maurice Hauriou, em sua obra *Précis de Droit Administratif* ao citar sobre esse princípio comenta que a Administração deve saber distinguir, entre outras coisas "também entre o honesto e o desonesto; há uma moral institucional, contida na lei, imposta pelo Poder Legislativo, e há a moral administrativa (...)";[239] mesmo que tenha a Administração o poder discricionário,

Não mudar as regras jurídicas durante o jogo é o mínimo que se espera. Só o futuro poderá dizer se os anos de 2006, 2007 e 2008 foram anos perdidos e irrecuperáveis, em termos

---

[239] Apud DI PIETRO, Maria Sylvia Zanella. Direito Administrativo. 2ª Ed., São Paulo, Atlas, 1991. p. 66.

de tempo. As empresas internacionais atuam em qualquer regime ou tipo contratual, desde que haja alguma atratividade e remuneração adequadas. Caso contrário, migram para outros países. Esse comportamento, certamente, afetará o Conteúdo Local em anos vindouros.

  A cartilha, anexa à Resolução ANP nº 36/2007, só poderá ser cumprida pelos fornecedores se as concessionárias fizerem constar nos contratos de suprimento as obrigações que estas têm com a ANP. Obrigações "reguladas" são aquelas que exigem certificações e obrigações "contratadas" são aquelas que já contêm imposição de cumprimento de Conteúdo Local por parte dos fornecedores, desde as primeiras rodadas de licitação. Nas obrigações a partir de 11 de setembro de 2008, para contratos novos, os fornecedores deverão certificar processos e produtos. Para os contratos anteriores, basta que os fornecedores emitam declaração com o valor percentual de Conteúdo Local. Nossa opinião é de que como não havia critérios antes da Cartilha, para os anos de 1998 a 2004 o critério do fornecedor deve ser próprio e declaratório, ou seja, o que o fornecedor declarar como Conteúdo Local deve ser aceito pela ANP. Para os anos de 2005 em diante, a metodologia a ser utilizada é com base na cartilha, que passou a fazer parte do Edital da 7ª Rodada e permanece até os dias atuais. Então, de 2005 a 2007, o que o fornecedor declarar como sendo percentual de Conteúdo Local deverá ser aceito pela ANP, desde que utilize os métodos dispostos na Cartilha. O concessionário pode e deve cobrar dos fornecedores que observem a metodologia da cartilha. Os casos omissos, infelizmente ou felizmente, devem ser decididos pelos próprios fornecedores, por pura ausência de regra (o que não é proibido é permitido).[240] As regras do "ano perdido" (2006) valem para os leilões realizados que tenha havido vencedores. Espera-se, no futuro, que para a boa observância do inciso XXXVI,[241] do art. 5º da Constituição Federal, que a ANP

---

[240] BRASIL, Constituição Federal, na forma do art. 5º, II.

[241] "a lei não prejudicará o direito adquirido, o ato jurídico perfeito e a coisa julgada;"

se posicione neste sentido. Para as rodadas seguintes, valerão a certificação, a partir de 11 de setembro de 2008, exceto no caso de contratos anteriormente firmados e ainda não executados, caso em que permanecerão vigendo as declarações.

Como disse certa feita John F. Kennedy "*-Conformity is the jailer of freedom and the enemy of growth*".[242] Nós não podemos nos aquietar com tudo o que nos é imposto. Especialmente, se há omissões, falta de regulamentação ou regulamentação ineficiente ou ineficaz. Portanto, hoje, o principal papel das associações da indústria, em relação ao tema objeto do presente trabalho, é questionar sobre a criação de métodos de avaliação extremamente simples, de forma a produzir bons resultados para todos.

Neste sentido, consignamos, para a melhora do processo de apuração do Conteúdo Local, seja na forma de cartilha seja na proposta simples como "*la manera mexicana*" algumas sugestões, como segue:

- O Conteúdo Local mínimo só poderia ser exigido depois que pesquisas e coletas de dados a esse respeito fossem feitas e divulgadas, para provar a capacidade (e a evolução) da indústria de bens e serviços locais.

- Para simplificar a informação e diminuir a quantidade de documentos, ao invés de declaração deverão adotar a informação descrita no corpo da nota fiscal do Fornecedor; ou na nota fiscal de entradas originada da DI – declaração de importação, como sendo o montante percentual

---

[242] Em discurso na ONU em 25 de setembro de 1961. "_ O conformismo é o carcereiro da liberdade e o inimigo do crescimento".

adequado de conteúdo local; ou ainda, criar um rito sumário, simplificado, de certificação.[243]

Permitir a possibilidade de avaliação de documentos fiscais e demais documentos suporte através de auditores independentes, utilizando as *big players* do mercado de auditoria, que poderão avaliar se há necessidade de verificação *in loco* dos processos produtivos ou processos de avaliação de conformidade das aquisições, das prestações de serviços e da mão-de-obra empregada. Nestes casos o parecer de auditoria poderá valer como certificação do fornecedor perante o concessionário e atenderão a uma eventual fiscalização da ANP. Havendo a possibilidade de utilizar auditores independentes, não seria mais necessário manter certificados e certificadoras.

- Na impossibilidade de utilizar auditores independentes como certificadores a ANP poderia nomear *ad hoc* as empresas de auditoria ou até mesmo a ONIP para servirem como Auditores da Agência, ficando essas horas de auditoria como custo das próprias concessionárias. Ou seja, as grandes empresas de auditoria e/ou a ONIP passariam a exercer o papel de dar conformidade ao serviço efetuado pelas certificadoras, tirando a função de auditoria da Agência, já que não está prevista em lei. Em caso de conflito, não conformidade ou outros casos especiais a Agência poderia nomear uma segunda empresa de auditoria para efetuar a tarefa.

---

[243] Ao menos para os processos mais simples e do tamanho da capacidade de alguns produtores, especialmente, os pequenos.

Há outras práticas internacionais onde a Certificação é concedida diretamente sobre os produtos, no próprio fornecedor. O Certificador emite o certificado do produto e não de cada nota fiscal. Assim, o concessionário não precisa ser constantemente auditado ou certificado e diminuindo sobremaneira a quantidade de certificados, de trabalhos e de horas.

Há, ainda, hipóteses de certificação do próprio fornecedor, como se fosse uma certificação ambiental, de qualidade (ISO), de origem, de sistemas de gestão, etc. Ou seja, certificação de sistemas e de processos. Assim, um fornecedor certificado estaria previamente aprovado para prestar serviços e vender seu produto já com um selo (ou certificado) que demonstra a conformidade do processo com determinado percentual de Conteúdo Local. De quatro em quatro anos os fornecedores seriam re-visitados e re-certificados. Se antes do prazo de 4 (quatro) anos houver mudanças de procedimentos ou de processos o próprio fornecedor pode pedir a nova certificação.

- A ANP deveria rever o conteúdo da cartilha e criar um manual, ou abrir novo prazo de audiência pública para tratar de conteúdo local, com o fito específico de criar um manual de procedimentos, se não for intenção da Agência abandonar o método de apuração via cartilha.

Todas as sugestões e todos os procedimentos devem ser o mais esclarecedores possíveis, especialmente, no que se refere a metodologia e critérios de avaliação. Preferencialmente, simples e tudo, muito bem regulamentado, via Decreto, se possível.

Se o Conteúdo Local surgiu nos leilões, não muito bem planejado, tendo sido alterado ao longo dos anos, com uma natureza mista entre matéria regulada (pela ANP) e obrigação contratual, desde que se queira, sempre há tempo para reestruturá-lo e começar um novo tempo sem vícios e imperfeições legais.

Por último, mas não menos importante, conforme já comentado *un passan*, no capítulo 7, *in fine*, recentemente,[244] foi enviado ao Congresso Nacional o "pacote do Pré-Sal"[245] contendo quatro Projetos de Lei, entre eles um que trata dos contratos de partilha da produção na área do Pré-Sal (PL nº 5.938/09).[246] Este, se aprovado na sua forma original, acaba com o Conteúdo Local como critério de julgamento das ofertas.[247] Para as empresas partícipes dos leilões e para o bem dos critérios objetivos de escolha isso é muito bom. Entretanto, se os projetos forem aprovados como propostos, a competitividade da indústria, tanto no *Upstream* quanto no mercado fornecedor ficará bastante prejudicada, pois, nos ambientes onde não há competição, não há inovação em serviços, não há novos canais de ofertas,[248] não há novas marcas, não há troca de experiências e competências, não há inovações estratégicas, não há novas propostas de negócios, não há alianças e parceiros, dificilmente criam-se novos produtos, é reduzida a troca

---

[244] "Cerimônia de Apresentação da Proposta de Modelo Regulatório do Pré-Sal", realizada no dia 31 de agosto de 2009, no Auditório Master do Centro de Convenções Ulysses Guimarães, em Brasília.

[245] Area do "pré-sal" é a região do subsolo formada por um prisma vertical de profundidade indeterminada, com superfície poligonal definida pelas coordenadas geográficas de seus vértices estabelecidas pelo governo, bem como outras regiões que venham a ser delimitadas, em ato do Poder Executivo, de acordo com a evolução do conhecimento geológico (objeto do Projeto de Lei nº 5.938/09, que dispõe sobre a exploração e a produção de hidrocarbonetos sob o regime de partilha de produção, artigo 2º, IV).

[246] O projeto foi apensado ao PL 2.502/2007, que prevê a possibilidade de adoção de contrato de partilha e a este estão também apensados os PLs 4.290/08 e 4.565/08.

[247] O critério de julgamento das ofertas passará a ser (se aprovado): Bônus de Assinatura determinado e um percentual de maior excedente em óleo para a União (Petro-Sal). Vide artigo 18 do PL nº 5.938/09.

[248] De bens, serviços e mão-de-obra.

de tecnologias ou o estímulo às novas tecnologias, os salários ficam congelados, enfim, o crescimento e a evolução do mercado ficam comprometidos.

A ANP, por sua vez, será esvaziada na maioria dos assuntos relacionados ao Pré-Sal. No PL 5.938/09, em relação ao Conteúdo Local, por exemplo, no artigo 10, caberá ao Ministério de Minas e Energia a competência para propor ao CNPE os parâmetros técnicos e econômicos dos contratos de partilha de produção e o conteúdo local mínimo e outros critérios relacionados ao desenvolvimento da indústria nacional.[249] Espera-se, pelo bem da segurança jurídica e do Direito, de maneira geral, que as inconstitucionalidades presentes nos projetos impeçam o avanço dos mesmos; e que a função da ANP não seja redirecionada para o gabinete de um Ministério, esvaziando-a. Isso só distanciará ainda mais o relacionamento com a Indústria.

O objetivo desta obra terá sido alcançado se as questões suscitadas tenham levado os leitores à reflexão.

---

[249] Inteligência do *caput* do art. 10, inciso III, letra "e".

"O mestre é muito; o método é quase tudo; o bom compêndio, é tudo."

Barão de Macaúbas

19
REFERÊNCIAS BIBLIOGRÁFICAS

AMARAL, Antônio Carlos Cintra do, *Concessão de Serviço Público*, 2. ed., São Paulo: Malheiros, 2002.

ARRIVABENE, Ariovaldo, *Dicionário de latim Forense*, Lawbook Editora, São Paulo: 2003.

BARRETO, Carlos Eduardo Paes, *A Saga do Petróleo Brasileiro* "A farra do boi", São Paulo: Nobel, 2001.

BARROS, Flávio Augusto Monteiro, *Direito Penal*, São Paulo: Saraiva, volume 1, 10. ed.

BICALHO, Ronaldo Goulart (Organizador), Ensaios sobre Política Energética, Coletânea de artigos do *Boletim INFOPETRO*: Rio de Janeiro, Interciência/IBP, 2007.

BRITO, Maria Campos Alves de, *Desenvolvimento Compartilhado de Reservatórios Comuns entre Estados*: Rio de Janeiro, e-papers, 2006.

BUCHEB, José Alberto, *A Arbitragem Internacional nos Contratos da Indústria do Petróleo*. Rio de Janeiro: Lumen Juris, 2002.

CARDOSO, Luiz Cláudio, *Petróleo: do poço ao posto*, Rio de Janeiro: Qualitymark, 2005.

CAVADAS, Nicolás Honorato e CÂMARA, Roberto José Batista. Fornecedores Locais para Produtores Independentes – Registro Histórico do Fornecimento de Bens e Serviços na Bahia e o Surgimento da RedePetro. In FERREIRA, Doneivan Fernandes (org.). *Produção de Petróleo e gás em Campos Marginais*:um nascente mercado no Brasil – Komedi. Campinas: SP, 2009.

CORRÊA, Oton Luiz Silva, *Petróleo*: noções sobre exploração, perfuração, produção e microbiologia, Rio de Janeiro: Interciência, 2003.

CUELLAR, Leila. *As Agências Reguladoras e Seu Poder Normativo*, Dialética, 2001

DINIZ, Maria Helena, *Lei de introdução ao código civil brasileiro interpretada*, 7. ed., São Paulo, Saraiva, 2001.

FONTES, Lourival, *Política, Petróleo e População*. Rio de Janeiro: José Olympio, 1958.

FREITAS, Gal. Tácito, Petróleo, apesar de Mr. Link, Guanabara, Gernasa, 1964.

GUTMAN, José, *Tributação e outras obrigações na indústria do petróleo*, Rio de Janeiro: Freitas Bastos, 2007.

KRISHNA Kala & ITOH Motoshine, Content Protection and Oligopolistic Interactions, *The Review of Economic Studies*, Vol. 55, No. 1. Janeiro, 1988, p. 107-125.

LIMA, Juliana Cardoso de e RODRIGUES, Arthur Souza. *A Sétima Rodada de Licitação e o Conteúdo Local*. Trabalho nº IBP 1497/2006, apresentado na Rio Oil & Gas 2006.

LEVINE, Steve, *O petróleo e a glória* ("The Oil and the Glory", título no original); tradução de Vanessa Faleck. São Paulo: Landscape, 2007.

MARTINS, Daniela Couto, *A Regulação da Indústria do Petróleo segundo o modelo constitucional brasileiro*. Belo Horizonte: Fórum, 2006.

MASTRANGELO, Cláudio, *Agências reguladoras e participação popular*. Porto Alegre: Livraria do Advogado, 2005.

MEIRELLES, Hely Lopes, *Direito administrativo brasileiro*, 21. ed., São Paulo: Malheiros, 1996.

MOURA, Paulo André Pereira, *Responsabilidade Civil por Danos Ambientais na indústria do Petróleo*. Rio de Janeiro, e-papers, 2007.

NUNES, Cassiano Nunes, *Monteiro Lobato o editor do Brasil*. Rio de Janeiro: Contraponto: Petrobras, 2000.

PEDROSA, Oswaldo, GUIMARÃES, Paulo Buarque e FERNÁNDEZ Y FERNÁNDEZ, Eloi. Perspectivas do Fornecimento de Bens e Serviços em Regiões de E&P Terrestre In FERREIRA, Doneivan Fernandes (org.). *Produção de Petróleo e gás em Campos Marginais*: um nascente mercado no Brasil – Komedi, Campinas, SP, 2009

PEREIRA, Caio Mário da Silva, *Instituições de direito civil*, v. 1, 10. ed, Forense, 1987.

PINTO, Gal. A. Negreiros de Andrade, *Prenúncio do fim da era do petróleo*: reflexos no Brasil, Rio de Janeiro, trabalho impresso pela Companhia Comércio e Construções, 1973.

PIQUET, Rosélia (organizadora), *Petróleo, Royalties e Região*, Rio de Janeiro: Garamond, 2003.

PORTO, Mauro, *O crepúsculo do petróleo* = Acabou a gasolina, salve-se quem puder!. Rio de Janeiro: Brasport, 2006.

QUINTANS, Luiz Cezar P, *Sociedades Empresárias e Sociedade Simples*, 2ª Edição, Freitas Bastos, Rio de Janeiro, 2006.

RIBEIRO, Marilda Rosado de Sá, *Direito do Petróleo*: as joint ventures na indústria do petróleo, 2. ed., Rio de Janeiro, Renovar, 2003.

_____ (Organizadora) *Estudos e Pareceres* Direito do Petróleo e Gás. Rio de Janeiro: Renovar, 2005.

ROTSTEIN, Jaime, *Petróleo*: A Crise dos anos 80. Rio de Janeiro: Francisco Alves, 1980.

SILVA, José Afonso, *Curso de direito constitucional positivo*. São Paulo: Malheiros, 15. ed.

SECCO, Orlando de Almeida. *Introdução ao Estudo do Direito*. Rio de Janeiro: Freitas Bastos, 1981.

SERPUB – Serviço de Relações Públicas, *O petróleo e a Petrobrás*. Petrobras, 1976.

SHAH, Sonia; *A história do petróleo* ("Crude: The Story of Oil", título no original); tradução de Marcelo Ferroni. Porto Alegre, L&PM, 2007.

SNF, RF e K&A. *Enhancement of Local Conten in the Upstream Oil and Gas Industry in Nigeria*: A Comprehensive and Viable policy Approach, Bergen/Stavanger/Lagos, 2003, SNF Report nº 25/03.

SOUTO, Marcos Juruena Villela, *Direito Administrativo da Economia*, 3. ed. Rio de Janeiro: Lumen Juris, 2003.

THOMAS, José Eduardo (organizador), *Fundamentos da Engenharia de Petróleo*, 2. ed. Rio de Janeiro: Interciência: Petrobras, 2004.

TORRES, Heleno Taveira. Conflitos de competência entre agências reguladoras e o princípio da especialidade: entre ANTAQ e ANP. Revista *Fórum* CESA, Belo Horizonte: ano 3, nº 7, abril/junho, 2008.

_____ e CATÃO, Marcos André Vinhas (coordenadores), *Tributação no Setor de Petróleo*. São Paulo: Quartier Latin, 2005.

VALOIS, Paulo, *A evolução do Monopólio Estatal do Petróleo*. Rio de Janeiro: Lumen Juris, 2000.

_____ (Organizador), *Temas de Direito do Petróleo e do Gás Natural*. Rio de Janeiro: Lumen Juris, 2002.

_____ (Organizador). T*emas de Direito do Petróleo e do Gás Natural II*. Rio de Janeiro: Lumen Juris, 2005.

ZAMITH, Regina, *A indústria para-petroleira nacional*. São Paulo: Annablume, 2001.

19.1 referências de sites

http://www.abdir.com.br
http://www.anp.gov.br
http://www.boletimjuridico.com.br
http://www.brasil-rounds.gov.br
http://conjur.estadao.com.br
http://www.guiaoffshore.com.br
http://www.nigeria-oil-gas.comp
http://www.onip.org.br
http://www-personal.umich.edu
http://www.planalto.gov.br
http://www.prominp.com.br
http://www.receita.fazenda.gov.br
http://www.senado.gov.br
http://www.stf.jus.br/portal/processo
http://www.tj.rj.gov.br
http://www.unido.org
http://www2.petrobras.com.br

ANEXO
INFORMES CCL

No último dia 15 de outubro de 2009 a ANP em parceria com a ABPIP, ONIP e IBP organizaram um Workshop sobre Conteúdo Local, para discutir – especificamente - as regras de certificação aplicáveis aos Contratos de Concessão a partir da 7ª Rodada. Os partícipes clamavam pelo princípio da publicidade, pela transparência da ANP em suas decisões, orientações e informes.

No mesmo ato o Diretor Nelson Narciso Filho e a Coordenadoria de Conteúdo Local – CCL se comprometeram divulgar as orientações passadas aos certificadores. Então, recentemente, a CCL criou o "INFORME CCL", mais uma vez, cumprindo com o prometido.

Como não havia tempo hábil para comentarmos essas orientações no livro, que já estava a caminho do prelo, os editores e o autor julgaram por bem divulgar tais informes, em forma de anexo, para dar maior publicidade aos procedimentos.

Sumário do anexo:

Informe CCL nº 001/2009
Informe CCL nº 002/2009
Informe CCL nº 003/2009
Informe CCL nº 004/2009
Informe CCL nº 005/2009
Informe CCL nº 006/2009
Informe CCL nº 007/2009
Informe CCL nº 008/2009
Informe CCL nº 009/2009
Informe CCL nº 010/2009[1]
Informe CCL nº 011/2009
Informe CCL nº 012/2009[2]
Informe CCL nº 013/2009
Informe CCL nº 014/2009

---
[1] Atualizado pelo Informe Informe CCL nº 013/2009
[2] Idem.

Agência Nacional do Petróleo, Gás Natural e Biocombustíveis - ANP
Av. Rio Branco, 65 – 17º andar CEP 20090-004 – Centro - Rio de Janeiro – RJ

INFORME CCL Nº001/2009

Prezados Certificadores,

No sentido de evitar divergências de interpretação entre certificadoras e esclarecer dúvidas conceituais sobre a execução da medição de conteúdo local temos a informar que:

1. Sobre o item 3.14.5 do Regulamento ANP nº 6/2007 (Res. ANP nº36/2007):

*"Para todo **bem ou serviço** padronizado e produzido em série, desde que não haja alteração de especificação, composição ou modo de produção e desde que o valor do Conteúdo Local certificado não tenha sofrido alteração maior ou menor do que 10%, poderá ser aceita a certificação original, que terá validade máxima de 4 (quatro) anos. Neste caso, o fornecedor deverá anexar a cada nova nota fiscal, cópia do Certificado de Conteúdo Local original, o qual deverá conter declaração de não alteração do **bem** respectivo em relação à certificação originalmente realizada."*

O texto acima deixa claro que **BENS** de mesma especificação e produzidos em série poderão obter certificação única sendo permitido o envio da cópia do certificado original em anexo ao documento fiscal dos itens comercializados seguida da declaração de não alteração de suas características. Mas para **SERVIÇOS**, como pode ser observado, o texto não confere a mesma clareza já que a declaração de não alteração só está relacionada para **BENS** e não para **SERVIÇOS**.

Esta Coordenadoria vem esclarecer que certificação de produtos seriados se aplicará **APENAS** para **BENS** e não para **SERVIÇOS**, ou seja não existe o conceito de serviço seriado.

2. **Certificação antecipada** de fornecedores só será possível quando o objeto da certificação for um **BEM (equipamentos, máquinas, peças, materiais)**.

3. O conceito de certificação antecipada não poderá ser aplicado para **SERVIÇOS**, ou seja, não haverá emissão de certificado sem a presença de um contrato firmado entre o prestador do serviço e seu respectivo cliente. Para **SERVIÇOS** será permitida somente uma avaliação preliminar de um provável escopo que dará uma estimativa de conteúdo local que poderá ser apropriado num futuro contrato de prestação de serviços. Emissão de certificados para **SERVIÇOS** só mediante contrato e haverá necessidade de emissão de um certificado para cada contrato de serviço firmado, mesmo que os escopos sejam similares.

4. Recomenda-se que para contratos de **SERVIÇOS** com faturamentos parciais, sejam emitidos certificados para cada documento fiscal a ser faturado e que haja o acompanhamento da certificadora durante a execução deste contrato.

5. O conceito de certificação se dá por produto e não por empresa.

Agência Nacional do Petróleo, Gás Natural e Biocombustíveis - ANP
Av. Rio Branco, 65 – 17º andar CEP 20090-004 – Centro - Rio de Janeiro – RJ

INFORME CCL Nº 002/2009

Prezados Certificadores,

Segue abaixo observações relevantes para o desempenho das atividades de certificação:

1. Prestação de Serviço com Faturamentos Parciais Periódicos

A recomendação da CCL no caso de prestação de serviço é de que seja feito um certificado por documento fiscal.

No caso da prestação de serviço que envolva mais de um faturamento por mês (todos relacionados à serviços idênticos ou bastante similares), entende-se que poderia ser emitido um certificado relativo ao faturamento mensal.

Resumindo as recomendações da CCL:

- ✓ Se forem emitidos um ou mais documentos fiscais por mês, emitir um certificado por mês

- ✓ Se for emitido um certificado por um prazo mais extenso do que um mês (por exemplo, trimestral), emitir certificado junto com o documento fiscal.

- ✓ Fica a critério da certificadora a avaliação quanto a opção de se emitir um certificado com outra periodicidade.

2. Documentação de Certificação

Nessa fase inicial do processo de certificação, com o intuito de garantir um melhor alinhamento das informações, solicitamos que, a cada certificado emitido, nos seja disponibilizada em mídia eletrônica (CD) a documentação abaixo:

- ✓ Certificado

- ✓ Planilhas de CL utilizadas para emissão do certificado e, se aplicável, planilhas de suporte (por exemplo, relação de funcionários e seus respectivos salários e encargos)

- ✓ Contratos

- ✓ Documentos fiscais e outros documentos comprobatórios que forem aplicáveis

Agência Nacional do Petróleo, Gás Natural e Biocombustíveis - ANP
Av. Rio Branco, 65 – 17º andar CEP 20090-004 – Centro - Rio de Janeiro – RJ

INFORME CCL Nº 003/2009

Rio de Janeiro, 15 de julho de 2009

Prezados Certificadores,

No sentido de evitar divergências entre certificadoras no que diz respeito a simulados solicitados por fornecedores, segue o seguinte entendimento:

1- A ANP **não recomenda** a realização de simulações baseadas em dados fictícios, pois estas podem gerar distorções nas medições e expectativas de conteúdo local podem não se confirmar;

2 - É **indispensável** a apresentação dos documentos comprobatórios, assim como a realização de visita *in loco* para a correta realização da medição.

3 - Solicitamos às certificadoras que receberem simulados de quaisquer fornecedores, que procurem a ANP antes de dar seu posicionamento sobre a questão, dado a necessidade de uniformidade de entendimento entre as credenciadas para a correta orientação do fornecedor.

Agência Nacional do Petróleo, Gás Natural e Biocombustíveis - ANP
Av. Rio Branco, 65 – 17º andar – CEP 20090-004 – Centro – Rio de Janeiro – RJ

INFORME CCL Nº004/2009

Rio de Janeiro, 22/04/09

Prezados Certificadores,

No sentido de melhor orientar os fornecedores sobre as atividades de certificação de conteúdo local, esta Coordenadoria tem a informar que:

Documentos necessários para realização da medição e emissão dos certificados:

- As empresas certificadoras que estão devidamente credenciadas pela ANP ao exercício das atividades de certificação de conteúdo local <u>deverão ter acesso a todos os documentos comprobatórios</u> necessários para realizar a medição do percentual nacional através da Cartilha de Conteúdo Local, conforme consta no item 3.8 do Regulamento ANP nº6/2007 aprovado pela Resolução ANP nº 36/2007 (DOU 16.11.2007). Reforça-se que todo dado solicitado pela certificadora que não for disponibilizado, será tratado como estrangeiro.

- A documentação que compõe o escopo de trabalho da certificação <u>deve ser arquivada em meio impresso e meio magnético</u> conforme consta detalhado no item 3.3 do Regulamento ANP nº 6/2007 aprovado pela Resolução ANP nº 36/2007 (DOU 16.11.2007).

- As certificadoras <u>deverão manter registro permanente de todos os certificados emitidos</u>. Cada certificado e <u>todos os documentos comprobatórios que compõem o escopo de trabalho da certificação deverão permanecer disponíveis para auditoria</u> por um período de 5 anos, <u>a contar do primeiro dia útil do ano seguinte à expiração do certificado,</u> conforme consta descrito no item 3.6.1.2.1 do Regulamento ANP nº 7/2007 aprovado pela Resolução ANP nº 37/2007 (DOU 16.11.2007).

- As certificadoras devem manter sigilo sobre todas as informações oriundas dos trabalhos de certificação, conforme Termo de Confidencialidade assinado no credenciamento e, que a quebra deste sigilo, implicará na imposição das penalidades previstas na legislação específica, conforme consta no item 3.6.1.3 do Regulamento ANP nº 7/2007 aprovado pela Resolução ANP nº 37/2007 (DOU 16.11.2007).

Desta forma a ANP esclarece que todos os documentos gerados e utilizados para execução da certificação deverão estar sob guarda e responsabilidade das certificadoras e que a Agência poderá a qualquer tempo ter acesso a esta documentação para fins de auditoria.

Agência Nacional do Petróleo, Gás Natural e Biocombustíveis - ANP
Av. Rio Branco, 65 – 17º andar CEP 20090-004 – Centro - Rio de Janeiro – RJ

INFORME CCL Nº005/2009

Rio de Janeiro, 27/04/09

Prezados Certificadores,

No sentido de melhor orientar os fornecedores sobre as atividades de certificação de conteúdo local, esta Coordenadoria tem a informar que:

Taxas de câmbio a serem utilizadas para conversão de moedas:

- Guardados os critérios, instruções e fórmulas para apuração do Conteúdo Local contidos na Cartilha do Conteúdo Local para Bens, Bens para Uso Temporal, Subsistemas, Sistemas, Conjunto de Sistemas e de Serviços relacionados à indústria do petróleo, para a conversão de moedas estrangeiras para Real deverão ser utilizadas as Taxas de Venda das cotações do Banco Central do Brasil contidas no endereço eletrônico http://www.bcb.gov.br/?TXCAMBIO.

- São publicados pelo Banco Central do Brasil dados sobre:
    1. A taxa de câmbio de referência do dólar dos Estados Unidos, conhecida no mercado como a taxa PTAX, que é a média das taxas efetivas de transação no mercado interbancário, ponderada pelo volume de transações. Os dados são publicados diariamente. Para dias não úteis, assume-se a cotação do dia útil imediatamente anterior.
    2. Quanto às paridades diárias do Real em relação a diversas moedas, estas são calculadas com base nos preços das moedas em relação ao Dólar dos Estados Unidos cotado pelas agências Reuters e Bloomberg, e a taxa PTAX do dólar dos Estados Unidos.

Agência Nacional do Petróleo, Gás Natural e Biocombustíveis - ANP
Av. Rio Branco, 65 – 17º andar CEP 20090-004 – Centro - Rio de Janeiro – RJ

INFORME CCL Nº 006/2009

Rio de Janeiro, 27 de Abril de 2009

Prezados Certificadores,

No sentido de melhor orientá-los quanto à execução das medições de conteúdo local em BENS, sobretudo quanto aos critérios de medição utilizando-se a classificação NCM, esta Coordenadoria tem a informar que:

1. Todo BEM adquirido pelo concessionário que tiver a necessidade de comprovação de conteúdo local estabelecido no contrato deverá ser certificado, independentemente de sua classificação NCM. Ou seja, os produtos com classificação NCM inferior à 84 comercializados diretamente para concessionários deverão ser certificados caso seja exigida a certificação.

2. BENS com classificação **NCM menor que 84** fornecidos diretamente ao concessionário serão medidos conforme a Cartilha de Conteúdo Local, isto é, verificam-se os componentes nacionais e estrangeiros, preço de venda. Não haverá necessidade de certificação dos componentes, que formam o BEM em certificação, que tiverem classificação **NCM < 84**, neste caso medição será feita através da **Nota Fiscal** e **comprovação de origem**.

3. BENS com classificação NCM < 84 não necessitarão de certificação somente quando forem componentes de um bem maior que estiver sendo certificado.

4. BENS com classificação NCM maior ou igual à 84 deverão ser certificados sempre que houver a exigência por parte do concessionário e sempre que se constituírem em partes de um bem maior que estiver sendo certificado.

Agência Nacional do Petróleo, Gás Natural e Biocombustíveis - ANP
Av. Rio Branco, 65 – 17º andar CEP 20090-004 – Centro - Rio de Janeiro – RJ

INFORME CCL Nº 007/2009

Rio de Janeiro, 15 de Julho de 2009

Prezados Certificadores,

No sentido de melhor orientá-los quanto à execução das medições de conteúdo local em BENS de uso não exclusivo ou de uso não predominante da indústria de petróleo e gás natural, esta Coordenadoria tem a informar que:

1. BENS utilizados na prestação de serviços logísticos – tais como: veículos, caminhões, embarcações, helicópteros, aviões, guindastes, guinchos, gruas, pórticos, empilhadeiras, esteiras, etc. – que forem caracterizados como de uso não exclusivo ou de uso não predominante na indústria de petróleo e gás natural, terão suas medições realizadas pelo modo simplificado, isto é, deverá ser verificado e comprovado a procedência do BEM e documentos fiscais de aquisição. Desta forma, não será exigido a medição dos componentes que formam o BEM, somente a documentação fiscal e a comprovação da origem onde o mesmo foi construído.

2. Computadores, monitores, notebooks, servidores e outros bens de informática que forem caracterizados como de uso não exclusivo ou de uso não predominante na indústria de petróleo e gás natural também serão medidos pelo critério simplificado, isto é, deverá ser verificado e comprovado a procedência do BEM e documentos fiscais de aquisição.

3. Bens que não apresentarem evidências rastreáveis de sua origem serão considerados importados.

Agência Nacional do Petróleo, Gás Natural e Biocombustíveis - ANP
Av. Rio Branco, 65 – 17º andar CEP 20090-004 – Centro - Rio de Janeiro – RJ

INFORME CCL Nº 008/2009

Rio de Janeiro, 15 de Julho de 2009

Prezados Certificadores,

No sentido de melhor orientá-los quanto à execução das medições de conteúdo local em contratos de bens e serviços na indústria de petróleo e gás natural, esta Coordenadoria tem a informar que:

1. Em regra, contratos de fornecimento de bens e serviços assinados ANTES de 11/09/2008 não serão certificados. Estes estão cobertos pela fase de transição, conforme estabelecido no Art. 3º da Resolução ANP Nº 36/2007 na qual o conteúdo local será declaratório à luz das regras estabelecidas pela Cartilha de Conteúdo Local.

    1.1 Contratos assinados ANTES de 11/09/2008 que apresentem qualquer tipo de alteração de preço, prazo ou escopo, sob a forma de aditivo contratual com data posterior a 11/09/2008 deverão ser certificados de acordo com o Regulamento ANP Nº 6/2007, utilizando a metodologia da Cartilha de Conteúdo Local, desde que haja necessidade de comprovação de investimentos locais por parte do concessionário.

    1.2 Concessionários sujeitos ao regime de contratação regulamentado pela Lei 8.666/1993 ou pelo Decreto 2.745/1998, que tiverem iniciado processos licitatórios (publicação do edital) ANTES de 11/09/2008, estarão cobertos pela fase de transição, conforme estabelecido no Art. 3º da Resolução ANP Nº 36/2007, ainda que os mesmos se estendam além de 11/09/2008. Sendo assim, para estes contratos, o conteúdo local será declaratório à luz das regras estabelecidas pela Cartilha de Conteúdo Local.

    1.3 Escopo de fornecimento envolvendo bens e serviços, definidos por ordem de serviço ou documento semelhante, emitidos depois de 11/09/2008, deverão ser certificados conforme Regulamento ANP Nº 6/2007, mesmo que o respectivo contrato misto (guarda-chuva) tenha sido efetivado antes de 11/09/2008.

2. Contratos de fornecimentos de bens e serviços assinados APÓS 11/09/2008 deverão ser certificados de acordo com o Regulamento ANP Nº 6/2007, utilizando a metodologia da Cartilha de Conteúdo Local, desde que haja necessidade de comprovação de investimentos locais por parte do concessionário.

Agência Nacional do Petróleo, Gás Natural e Biocombustíveis - ANP
Av. Rio Branco, 65 – 17º andar CEP 20090-004 – Centro - Rio de Janeiro – RJ

INFORME CCL Nº 09/2009

Rio de Janeiro, 13 de Julho de 2009

Prezados Certificadores,

No sentido de melhor orientá-los quanto à execução das medições de conteúdo local para certificação de BENS de forma antecipada, ou seja, quando ainda não ocorreu a venda, esta Coordenadoria tem a informar que:

1. A medição deve ser realizada de acordo com a cartilha de CL com a peculiaridade de que nesse caso não existe o valor de venda, obtido no documento fiscal. Esse valor de venda deverá ser substituído por um valor de um bem similar em características e especificações, obtido pela média de três cotações de mercado, realizadas pela certificadora.

Agência Nacional do Petróleo, Gás Natural e Biocombustíveis - ANP
Av. Rio Branco, 65 – 17º andar CEP 20090-004 – Centro - Rio de Janeiro – RJ

INFORME CCL Nº 010/2009

Atualizado pelo Informe CCL Nº 013/2009 em 14/09/2009

Rio de Janeiro, 14 de Agosto de 2009

Prezados Certificadores,

No sentido de melhor orientá-los quanto à execução das certificações de conteúdo local de atividades de aquisição de dados geológicos e geofísicos exclusivos e não exclusivos, esta Coordenadoria tem a informar que:

1. A Portaria ANP Nº 188/98, de 18/12/1998, estabelece as definições:

   ➢ EAD (Empresa de Aquisição de Dados) - São empresas especializadas em aquisição, processamento, interpretação e venda de dados exclusivos e não exclusivos, que se refiram, exclusivamente, à atividade de exploração e produção de petróleo e gás natural.

   ➢ DADOS EXCLUSIVOS: São dados cuja aquisição foi realizada por CONCESSIONÁRIA em sua área de concessão, através de EAD por ela contratada ou por meios próprios.

   ➢ DADOS NÃO EXCLUSIVOS: São dados adquiridos por EAD que obteve autorização da Agência Nacional do Petróleo para realizar tal operação em área que seja ou não, objeto de contrato de concessão.

2. As certificações de conteúdo local para as atividades de aquisição de dados geológicos e geofísicos exclusivos e não exclusivos devem ser realizadas de acordo com a Regulamentação de Conteúdo Local.

   2.1. No caso de dados exclusivos:

   2.1.1. Cliente Único e com Único Tipo de Método de Aquisição e/ou Processamento de Dados Sísmicos (2D ou 3D ou outros).

   Trata-se de caso básico de aplicação direta da Regulamentação de Conteúdo Local com os seguintes procedimentos:
   ➢ Medição do custo total da prestação dos serviços (nacional e importado),
   ➢ Medição do valor das Notas Fiscais de Faturamento,
   ➢ Cálculo do Conteúdo Local.

2.1.2. Múltiplos Clientes e com Único Tipo de Método de Aquisição e/ou Processamento de Dados Sísmicos (2D ou 3D ou outros).

Trata-se de aplicação direta da Regulamentação de Conteúdo Local com os seguintes procedimentos:
- Medição do custo total da prestação dos serviços (nacional e importado),
- Medição do valor das Notas Fiscais de Faturamento,
- Rateio dos custos proporcionalmente ao Faturamento de cada cliente
- Cálculo do Conteúdo Local.

2.1.3. Múltiplos Clientes e Múltiplos Métodos de Aquisição, e/ou Processamento de Dados Sísmicos (2D, 3D e outros):

Trata-se de aplicação da Regulamentação de Conteúdo Local com os seguintes procedimentos:
- Medição do custo total da prestação dos serviços (nacional e importado),
- Medição do valor das Notas Fiscais de Faturamento 2D por cliente,
- Medição do valor das Notas Fiscais de Faturamento 3D por cliente,
- Cálculo da proporção do Faturamento 2D em relação ao Faturamento total,
- Cálculo da proporção do Faturamento 3D em relação ao Faturamento total,
- Cálculo da proporção por cliente em relação ao total do Faturamento 2D,
- Cálculo da proporção por cliente em relação ao total do Faturamento 3D,
- Rateio dos custos proporcionalmente ao faturamento de cada cliente e de cada serviço 2D e 3D,
- Cálculo do Conteúdo Local.

2.2. No caso de dados não exclusivos:
2.2.1. Múltiplos Clientes e com Único Tipo de Método de Aquisição e/ou Processamento de Dados Sísmicos (2D ou 3D ou outros).

Trata-se de aplicação da Regulamentação de Conteúdo Local com os seguintes procedimentos:
- Medição do custo total dos serviços (nacional e importado),
- Medição dos custos unitários (por km ou km$_2$) dos serviços,
- Medição do valor das Notas Fiscais de Faturamento,
- Cálculo do custo associado ao faturamento, multiplicando o custo unitário pela área relativa ao faturamento
- Cálculo do Conteúdo Local,

2.2.2. Múltiplos Clientes e Múltiplos Métodos de Aquisição, e/ou Processamento de Dados Sísmicos (2D, 3D e outros):

Trata-se de aplicação da Regulamentação de Conteúdo Local com os seguintes procedimentos:
- Medição do custo total 2D e 3D por critério de rateio de apropriação contábil,
- Medição do custo unitário (por km e km$_2$) dos serviços (nacional e importado),
- Medição do valor das Notas Fiscais de Faturamento,
- Cálculo do custo associado ao faturamento, multiplicando o custo unitário pela área relativa ao faturamento
- Cálculo do Conteúdo Local.

2.3. O certificado original de dados não exclusivos pode ser utilizado para toda e qualquer venda posterior desde que se refira aos mesmos dados, dentro da mesma área geográfica, mesmo para venda de lotes contendo fração dos dados certificados. Em toda venda, a apropriação de CL dar-se-á pela multiplicação do valor da venda, pelo CL certificado.

2.4. A comercialização de dados exclusivos e não exclusivos deverá contemplar a emissão de certificados distintos de Conteúdo Local para as atividades de aquisição e processamento de dados sísmicos.

Agência Nacional do Petróleo, Gás Natural e Biocombustíveis - ANP
Av. Rio Branco, 65 – 17º andar CEP 20090-004 – Centro - Rio de Janeiro – RJ

INFORME CCL Nº 011/2009

Rio de Janeiro, 10 de Setembro de 2009

Prezados Certificadores,

No sentido de melhor orientá-los quanto à execução das medições de conteúdo local das atividades dos **CONCESSIONÁRIOS que possam envolver gastos de natureza indireta ou meramente administrativa**, esta Coordenadoria tem a informar que:

1. De acordo com o Regulamento 009/2007 no parágrafo 1.2, o Relatório de Investimentos é o instrumento que subsidia a comprovação dos compromissos de Conteúdo Local.

"1.2 Neste regulamento são estabelecidos os relatórios que têm como finalidade subsidiar a comprovação do cumprimento dos percentuais mínimos de Investimentos Locais pelos concessionários e aplica-se à Fase de Exploração e à Etapa de Desenvolvimento da Produção dos Contratos de Concessão a partir da 7ª Rodada de Licitações."

2. O formato do Relatório de Investimentos baseia-se exatamente nestes compromissos de Conteúdo Local, conforme anexos I e II do Regulamento No 009/2007. A título exemplificativo, seguem abaixo os itens da Fase de Exploração.

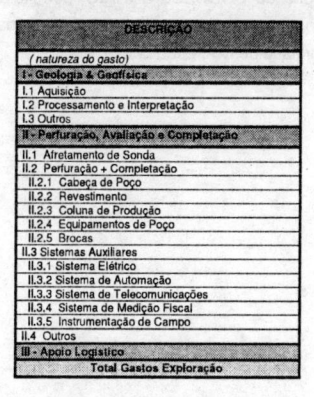

DESCRIÇÃO
(natureza do gasto)
I - Geologia & Geofísica
I.1 Aquisição
I.2 Processamento e Interpretação
I.3 Outros
II - Perfuração, Avaliação e Completação
II.1 Afretamento de Sonda
II.2 Perfuração + Completação
II.2.1 Cabeça de Poço
II.2.2 Revestimento
II.2.3 Coluna de Produção
II.2.4 Equipamentos de Poço
II.2.5 Brocas
II.3 Sistemas Auxiliares
II.3.1 Sistema Elétrico
II.3.2 Sistema de Automação
II.3.3 Sistema de Telecomunicações
II.3.4 Sistema de Medição Fiscal
II.3.5 Instrumentação de Campo
II.4 Outros
III - Apoio Logístico
Total Gastos Exploração

3. As definições da natureza dos gastos a serem apropriados a cada um desses itens estão expressas nos itens 6.1.1 e 6.2.1 do Regulamento ANP No 009/2007, as quais esclarecem que somente aproveita-se o que está diretamente relacionado ao conceito deste item. A título exemplificativo, seguem abaixo as definições para o item de Geologia e Geofísica:

"I GEOLOGIA & GEOFÍSICA

Acumula os investimentos relativos aos trabalhos de levantamento, processamento e interpretação de dados geológicos e geofísicos, bem como operações de campo, sensoreamento remoto, levantamentos e gastos de aluguel e manutenção de equipamentos utilizados na atividade, coleta e análise de amostras, levantamentos tipo "oil slick analysis", "piston core" e levantamentos para gasimetria e microbiologia. É necessária a indicação dos gastos realizados com aquisição através de empresas de aquisição de dados (EAD / SPEC).

I.1 Aquisição: registra os investimentos com levantamentos geológicos e geofísicos.

I.2 Processamento e Interpretação: registra os investimentos com computação, tratamento, integração e interpretação de dados geológicos e geofísicos.

I.3 Outros: registra outros investimentos em geologia e geofísica que não sejam passíveis de classificação nas atividades especificadas acima."

4. Portanto, gastos (bens e prestações de serviço) do concessionário que sejam de natureza geral & administrativa (direta e indireta), *overhead* e, também, os demais que não possam ser diretamente associados a uma das atividades finalísticas objeto de compromisso de Conteúdo Local não serão passíveis de aproveitamento para cumprimento de compromisso contratual.

5. Quanto à mão de obra própria do CONCESSIONÁRIO, permite-se o rateio desde que a natureza da função seja diretamente associada a uma das atividades finalísticas objeto de compromisso de Conteúdo Local

Agência Nacional do Petróleo, Gás Natural e Biocombustíveis - ANP
Av. Rio Branco, 65 – 17º andar CEP 20090-004 – Centro - Rio de Janeiro – RJ

INFORME CCL Nº 012/2009
Atualizado pelo Informe CCL Nº 013/2009 em 14/09/2009

Rio de Janeiro, 10 de Setembro de 2009

Prezados Certificadores,

No sentido de melhor orientá-los quanto à execução das medições de conteúdo local das atividades prestadas por **FORNECEDORES (bens e prestações de serviço) que possam envolver gastos de natureza indireta ou meramente administrativa**, esta Coordenadoria tem a informar que:

1. De acordo com o Regulamento 009/2007 no parágrafo 1.2, o Relatório de Investimentos é o instrumento que subsidia a comprovação dos compromissos de Conteúdo Local.

"1.2 Neste regulamento são estabelecidos os relatórios que têm como finalidade subsidiar a comprovação do cumprimento dos percentuais mínimos de Investimentos Locais pelos concessionários e aplica-se à Fase de Exploração e à Etapa de Desenvolvimento da Produção dos Contratos de Concessão a partir da 7ª Rodada de Licitações."

2. O formato do Relatório de Investimentos baseia-se exatamente nestes compromissos de Conteúdo Local, conforme anexos I e II do Regulamento No 009/2007. A título exemplificativo, seguem abaixo os itens da Fase de Exploração.

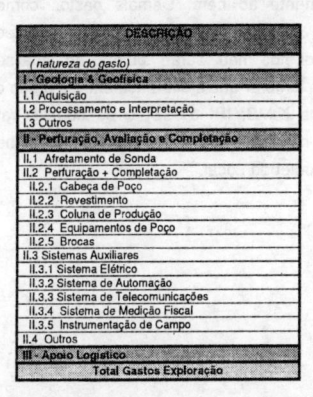

DESCRIÇÃO
(natureza do gasto)
I - Geologia & Geofísica
I.1 Aquisição
I.2 Processamento e Interpretação
I.3 Outros
II - Perfuração, Avaliação e Completação
II.1 Afretamento de Sonda
II.2 Perfuração + Completação
II.2.1 Cabeça de Poço
II.2.2 Revestimento
II.2.3 Coluna de Produção
II.2.4 Equipamentos de Poço
II.2.5 Brocas
II.3 Sistemas Auxiliares
II.3.1 Sistema Elétrico
II.3.2 Sistema de Automação
II.3.3 Sistema de Telecomunicações
II.3.4 Sistema de Medição Fiscal
II.3.5 Instrumentação de Campo
II.4 Outros
III - Apoio Logístico
Total Gastos Exploração

3. As definições da natureza dos gastos a serem apropriados a cada um desses itens estão expressas nos parágrafos 6.1.1 e 6.2.1 do Regulamento ANP No 009/2007, as quais esclarecem que somente aproveita-se o que está diretamente relacionado ao conceito destes itens da Fase de Exploração ou Etapa de Desenvolvimento. A título exemplificativo, seguem abaixo as definições para o item de Geologia e Geofísica:

"I GEOLOGIA & GEOFÍSICA

Acumula os investimentos relativos aos trabalhos de levantamento, processamento e interpretação de dados geológicos e geofísicos, bem como operações de campo, sensoreamento remoto, levantamentos e gastos de aluguel e manutenção de equipamentos utilizados na atividade, coleta e análise de amostras, levantamentos tipo "oil slick analysis", "piston core" e levantamentos para gasimetria e microbiologia. É necessária a indicação dos gastos realizados com aquisição através de empresas de aquisição de dados (EAD / SPEC).

I.1 Aquisição: registra os investimentos com levantamentos geológicos e geofísicos.

I.2 Processamento e Interpretação: registra os investimentos com computação, tratamento, integração e interpretação de dados geológicos e geofísicos.

I.3 Outros: registra outros investimentos em geologia e geofísica que não sejam passíveis de classificação nas atividades especificadas acima."

4. Quanto a BENS, segue abaixo explicação quanto à metodologia de certificação (4.1). Em seguida, explica-se como, apesar de todos os bens poderem ser certificados, existe somente uma possibilidade do concessionário aproveitar como cumprimento de compromisso contratual (4.2):

    4.1 Metodologia de Certificação:

        A análise da certificadora limitar-se-á aos componentes e materiais aplicados diretamente ao bem. Demais gastos como, por exemplo, despesas gerais & administrativas, mão de obra, imposto de renda e custos fabris indiretos não serão objeto de análise por parte da certificadora. Vale lembrar que a diferença entre o preço de venda do bem (sem os impostos ICMS, IPI e ISS) e os demais valores analisados (componentes e materiais aplicados diretamente ao bem) será tratada como 100% de Conteúdo Local.

4.2 Cumprimento de Compromisso Contratual

    4.2.1 BENS que possam ser utilizados diretamente em um bloco ou campo específico e que cuja aplicação seja diretamente associada a uma das atividades finalísticas objeto de compromisso de Conteúdo Local:

> Poderão ser certificados e são passíveis de aproveitamentos para cumprimento de compromisso contratual.

    4.2.2 Demais casos:

> Apesar de todo bem poder ser certificado, estes não são passíveis de aproveitamento para cumprimento de compromisso contratual. Caso o cliente (concessionário ou fornecedor) solicite a certificação, deverá a certificadora comunicá-lo formalmente desta condição.

5 Quanto a PRESTAÇÕES DE SERVIÇO, segue abaixo a explicação quanto à metodologia de certificação (5.1). Além disso, apesar de todos poderem ser certificados, existe somente uma possibilidade de aproveitar para cumprimento de compromisso contratual (5.2). Finalmente, define-se qual índice de conteúdo local a ser utilizado (5.3):

    5.1 Metodologia de Certificação:

A análise da certificadora limitar-se-á aos gastos de natureza direta e essencial à prestação do serviço. Demais gastos que apresentem natureza geral & administrativa (direta e indireta), overhead e, também, os demais, que não possam ser diretamente associados à essência da prestação do serviço, não serão objeto de análise pela certificadora. Todavia, a diferença positiva entre o preço final de venda (excluídos ISS, ICMS e IPI) e os gastos (diretos e essenciais) analisados pela certificadora será tratada como 100% de Conteúdo Local e será lançada com a rubrica "Diferença do Contrato" na planilha "Conteúdo Local de Serviços" na pasta "Serviços" ou na planilha "Conteúdo Local Subsistemas e Sistemas" na pasta "Serviços Associados". Vale frisar que em determinadas prestações de serviço como, por exemplo, EAD – Dados Não Exclusivos, poderá ocorrer dos gastos de natureza direta e essencial serem superiores ao preço de venda (excluídos ISS, ICMS e IPI). Neste caso, a rubrica "Diferença do Contrato" receberá valor zero. Com relação à mão de obra, somente será analisada pela certificadora a que for diretamente utilizada na natureza da prestação do serviço, permitindo-se rateio nos casos de dedicação parcial desde que a função seja diretamente relacionada a esta natureza.

- 5.1.1 PRESTAÇÕES DE SERVIÇO, cuja natureza seja diretamente associada a uma das atividades finalísticas objeto de compromisso de Conteúdo Local,
  - ➤ São passíveis de aproveitamento para cumprimento de compromisso contratual.
- 5.1.2 Demais casos:
  - ➤ Apesar de toda prestação de serviço poder ser certificada, estas não são passíveis de aproveitamento para cumprimento de compromisso contratual. Caso o cliente (concessionário ou fornecedor) solicite a certificação, deverá a certificadora comunicá-lo formalmente desta condição.

5.2 Índice de Conteúdo Local Aplicável

- 5.2.1 Caso a prestação envolva exclusivamente a utilização de mão de obra
  - ➤ Utiliza-se o índice de conteúdo local de serviços.
- 5.2.2 Se envolver, além da mão de obra, a utilização de bens ou bens de uso temporal em atividades essencialmente ligadas à natureza da prestação do serviço
  - ➤ Utiliza-se o índice de conteúdo local para sistemas/subsistemas.

Agência Nacional do Petróleo, Gás Natural e Biocombustíveis - ANP
Av. Rio Branco, 65 – 17º andar CEP 20090-004 – Centro - Rio de Janeiro – RJ

INFORME CCL Nº 013/2009

Rio de Janeiro, 14 de Setembro de 2009

Prezados Certificadores,

No sentido de melhor orientá-los quanto à execução das medições de conteúdo local das atividades objeto dos Informes CCL N° 010/2009, no tocante à metodologia de cálculo de Empresas de Aquisição de Dados (EAD) – Dados Não Exclusivos, e N° 012/2009, no que se refere tanto ao cálculo do Conteúdo Local em prestações de serviços (com características análogas à EAD - Dados Não Exclusivos) quanto a eventuais certificações não passíveis de aproveitamento para cumprimento de compromisso contratual, esta Coordenadoria tem a informar que:

A) **O Informe CCL N° 010/2009 passa a vigorar com as seguintes alterações:**

A.1) Excluir do parágrafo 1 o texto abaixo:

- *UNIDADE DE TRABALHO: significa uma unidade de conversão para diferentes trabalhos exploratórios, utilizada para fins de aferição da execução do Programa Exploratório Mínimo.;*

A.2) Substituir nos parágrafos 2, 2.1.1, 2.1.2, 2.1.3, 2.2.1 e 2.2.2 o termo "Cartilha" pelo termo "Regulamentação";

A.3) Excluir nos parágrafos 2.1.1, 2.1.2, 2.1.3, 2.2.1 e 2.2.2 a expressão "Aplicação da Cartilha";

A.4) Excluir dos parágrafo 2.2.1 e 2.2.2 o texto abaixo:

- *Aplicação do preço unitário de referência (por km ou km2), correspondente ao valor (UT/km ou UT/km2) constante do Edital de Licitação da rodada mais recente em que figure a respectiva Bacia;*

A.5) Acrescentar aos parágrafos 2.2.1 e 2.2.2 os textos abaixo:

- *Medição do valor das Notas Fiscais de Faturamento;*
- *Cálculo do custo associado ao faturamento, multiplicando o custo unitário pela área relativa ao faturamento;*

Os informes citados, no presente documento, que sofreram alterações, já estão disponibilizados na versão atualizada.

B) O Informe CCL Nº 012/2009 passa a vigorar com as seguintes alterações:

B.1) Substituir o parágrafo 4.2.2 por:

4.2.2 Demais casos:

Apesar de todo bem poder ser certificado, estes não são passíveis de aproveitamento para cumprimento de compromisso contratual. Caso o cliente (concessionário ou fornecedor) solicite a certificação, deverá a certificadora comunicá-lo formalmente desta condição.

B.2) Substituir o parágrafo 5.1 por:

A análise da certificadora limitar-se-á aos gastos de natureza direta e essencial à prestação do serviço. Demais gastos que apresentem natureza geral & administrativa (direta e indireta), overhead e, também, os demais, que não possam ser diretamente associados à essência da prestação do serviço, não serão objeto de análise pela certificadora. Todavia, a diferença positiva entre o preço final de venda (excluídos ISS, ICMS e IPI) e os gastos (diretos e essenciais) analisados pela certificadora será tratada como 100% de Conteúdo Local e será lançado com a rubrica "Diferença do Contrato" na planilha "Conteúdo Local de Serviços" na pasta "Serviços" ou na planilha "Conteúdo Local Subsistemas e Sistemas" na pasta "Serviços Associados". Vale frisar que em determinadas prestações de serviço como, por exemplo, EAD – Dados Não Exclusivos, poderá ocorrer dos gastos de natureza direta e essencial serem superiores ao preço de venda (excluídos ISS, ICMS e IPI). Neste caso, a rubrica "Diferença do Contrato" receberá valor zero. Com relação à mão de obra, somente será analisada pela certificadora a que for diretamente utilizada na natureza da prestação do serviço, permitindo-se rateio nos casos de dedicação parcial desde que a função seja diretamente relacionada a esta natureza.

B.3) Substituir o parágrafo 5.2.2 por:

5.2.2 Demais casos:

- *Apesar de toda prestação de serviço poder ser certificada, estas não são passíveis de aproveitamento para cumprimento de compromisso contratual. Caso o cliente (concessionário ou fornecedor) solicite a certificação, deverá a certificadora comunicá-lo formalmente desta condição.*

Os informes citados, no presente documento, que sofreram alterações, já estão disponibilizados na versão atualizada.

Agência Nacional do Petróleo, Gás Natural e Biocombustíveis - ANP
Av. Rio Branco, 65 – 17º andar CEP 20090-004 – Centro - Rio de Janeiro – RJ

INFORME CCL Nº 014/2009

Rio de Janeiro, 25 de setembro de 2009

Prezados Certificadores,

No sentido de melhor orientá-los quanto à certificação de BENS, em que um dos componentes do custo direto se tratar de uma prestação de serviço, segue esclarecimento sobre o procedimento de aferição destes:

Toda e qualquer prestação de serviço, que seja componente do custo direto do BEM, terá que possuir certificado de conteúdo local para aproveitamento parcial ou integral do valor como nacional na medição do referido BEM. Caso esta prestação de serviço não seja certificada, não se aproveitará valor algum para efeito de conteúdo local, ou seja, o montante será integralmente apropriado na planilha de SUBSISTEMAS como importado.

Quando nenhum dos componentes do custo direto do BEM for prestação de serviço, a planilha de BENS será usada.

Este livro foi impresso pela
Gráfica Filiprint
Tel.: (21) 2589-7711
graficafiliprint@yahoo.com.br